Pe. Thiago Faccini Paro

O Caminho

Eucaristia — 2ª Etapa

Diário Catequético e Espiritual do Catequizando

"O que nós ouvimos, o que aprendemos, o que nossos pais nos contaram, não ocultaremos a nossos filhos; mas vamos contar à geração seguinte as glórias do Senhor, o seu poder e as obras grandiosas que Ele realizou." (Sl 78,3-4)

© 2015, Editora Vozes Ltda.
Rua Frei Luís, 100
25689-900 Petrópolis, RJ
www.vozes.com.br
Brasil

1ª edição, 2015.
8ª reimpressão, 2025.

Todos os direitos reservados. Nenhuma parte desta obra poderá ser reproduzida ou transmitida por qualquer forma e/ou quaisquer meios (eletrônico ou mecânico, incluindo fotocópia e gravação) ou arquivada em qualquer sistema ou banco de dados sem permissão escrita da editora.

CONSELHO EDITORIAL

Diretor
Volney J. Berkenbrock

Editores
Aline dos Santos Carneiro
Edrian Josué Pasini
Marilac Loraine Oleniki
Welder Lancieri Marchini

Conselheiros
Elói Dionísio Piva
Francisco Morás
Teobaldo Heidemann
Thiago Alexandre Hayakawa

Secretário executivo
Leonardo A.R.T. dos Santos

PRODUÇÃO EDITORIAL

Anna Catharina Miranda
Eric Parrot
Jailson Scota
Marcelo Telles
Mirela de Oliveira
Natália França
Priscilla A.F. Alves
Rafael de Oliveira
Samuel Rezende
Verônica M. Guedes

Equipe de redação
Edi Longo; Rosimeire Mendes; Sueli Moreira Pierami e Pe. Thiago Faccini Paro

Colaboração e agradecimentos
Dom Edmilson Amador Caetano, O.Cist.; Elenice de Jesus Soares; Fransilvia Panaque; Luci de Fátima Ocaso; Ir. Helenice Maria Ferreira de Souza, pme; Iolanda Durigan; Lucas Borges; Pe. Nivaldo Luiz Moisés Junior; Pe. Ronaldo José Miguel.

Projeto gráfico e diagramação: Ana Maria Oleniki
Ilustração: Alexandre Maranhão
Capa: Ana Maria Oleniki

ISBN 978-85-326-4911-9

Este livro foi composto e impresso pela Editora Vozes Ltda.

Este *Diário Catequético e Espiritual* pertence a:

Nome

Data de Batismo

Pais e/ou responsáveis

Endereço

E-mail

Paróquia

Comunidade

Diocese

Catequista

SUMÁRIO

Apresentação

I PARTE – MEUS ENCONTROS DE CATEQUESE

Meu momento de oração diária, 12

Celebração de entrega do CREDO, 13

1º Encontro – A história continua..., 15

2º Encontro – Creio em Deus Pai, todo poderoso, 19

3º Encontro – Criador do céu e da terra, 24

4º Encontro – Reconhecendo a criação, 28

5º Encontro – Preservar a criação, 33

6º Encontro – Celebração Ecológica, 37

7º Encontro – E em Jesus Cristo, seu único Filho, 40

8º Encontro – Nosso Senhor, 43

9º Encontro – Que foi concebido pelo poder do Espírito Santo, 46

10º Encontro – Nasceu da Virgem Maria, 50

11º Encontro – Padeceu sob Pôncio Pilatos, 54

12º Encontro – Foi crucificado, morto e sepultado, 58

13º Encontro – A morte, 64

14º Encontro – Desceu à mansão dos mortos, 68

15º Encontro – Ressuscitou ao terceiro dia, 72

16º Encontro – Celebração da Luz, 77

17º Encontro – Subiu aos céus, 80

18º Encontro – Como fazer esse céu na terra, 85

19º Encontro – Está sentado à direita de Deus Pai, todo poderoso, 89

20º Encontro – Donde há de vir a julgar os vivos e os mortos, 94

21º Encontro – Um Deus de amor, 98

22º Encontro – Creio no Espírito Santo, 103

23º Encontro – Creio na Santa Igreja Católica, 107

24º Encontro – Uma só família, 111

25º Encontro – Na comunhão dos santos, 114

26º Encontro – Modelos de santidade, 118

27º Encontro – Na remissão dos pecados, 122

28º Encontro – Creio na ressurreição da carne, na vida eterna, 125

29º Encontro – A profissão de fé, 128

30º Encontro – Preparando a Celebração de Recitação da Profissão de Fé, 133

Celebração de Recitação da Profissão de Fé, 137

II PARTE– MEU DOMINGO

Primeira parte – Ciclo do Natal, 146

Segunda parte – Ciclo da Páscoa, 152

Terceira parte – Tempo Comum, 162

Algumas orações cristãs, 180

APRESENTAÇÃO

Querido(a) catequizando(a),

Este é o seu novo diário. Mais uma vez será seu companheiro, onde você irá registrar sua experiência e vivência de fé. De modo especial, nele e em cada encontro de catequese lhe será apresentado o CREDO, oração que contém o resumo de toda a nossa fé. Refletiremos no decorrer desse ano cada trecho dessa oração.

Que este o ajude mais uma vez a meditar as coisas aprendidas na catequese e o aproxime das verdades de fé, professadas pela Igreja.

Pe. Thiago Ap. Faccini Paro

O que é o Diário Catequético e Espiritual?

O *Diário* é um complemento da catequese, onde você poderá recordar o que foi refletido nos encontros de catequese e escrever diariamente sua oração, pedidos e agradecimentos a Deus, bem como registrar a sua participação na Santa Missa, meditando o que foi celebrado.

O *Diário* está dividido em duas partes:

I PARTE – MEUS ENCONTROS DE CATEQUESE

Na primeira parte você encontrará uma orientação para *o seu* momento de oração diária, os temas dos encontros vivenciados na catequese e algumas atividades para relembrá-los, além de espaço para escrever seus pedidos de oração, agradecimentos e louvores. todos os dias você poderá registrar como foi o seu momento de oração.

II PARTE – MEU DOMINGO

Na segunda parte do Diário, você encontrará um espaço para acompanhar as celebrações do Ano Litúrgico e registrar sua participação. Lembramos que a Santa Missa é o ponto alto da nossa fé.

Como usar o Diário Catequético e Espiritual

- Uma vez por semana medite sobre o seu encontro de catequese e realize as atividades propostas para cada tema. No final, lembre-se das pessoas que você ama e as que pediram e necessitam de oração, escreva o nome de cada uma delas no local indicado no final das atividades e reze por elas no decorrer da semana, durante seu momento de oração pessoal.

- Uma vez por semana também, na segunda parte deste livro, depois de ter participado da Santa Missa, escreva o que mais chamou a sua atenção na celebração e na Palavra de Deus que foi proclamada.

O que teremos este ano na catequese?

A nossa catequese esta recheada de atividades, e sua participação é muito importante. Para isso é preciso que você esteja atento a todas as datas dos encontros, celebrações e reuniões, convidando de modo especial seus pais ou responsáveis para deles participarem.

➤ Registre ou cole aqui o programa de atividades da catequese que seu catequista irá lhe entregar e lembre-se de consultá-lo sempre junto com sua família.

I PARTE

Meus encontros de catequese

Meu momento de oração diária

Todos os dias faça o seu momento de oração pessoal. Escolha um lugar calmo, tranquilo e ali se coloque em profundo silêncio. Peça que Deus envie seu Espírito para iluminar você. Poderá rezar a oração do Espírito Santo.

Vinde, Espírito Santo,
enchei os corações dos vossos fiéis
e acendei neles o fogo do vosso amor.
Enviai o vosso Espírito, e tudo será criado,
e renovareis a face da terra.

Oremos:
Ó Deus,
que instruístes os corações dos vossos fiéis
com a luz do Espírito Santo,
fazei que apreciemos retamente todas as coisas
segundo este mesmo Espírito
e gozemos sempre da sua consolação.
Por Cristo, Senhor nosso. Amém.

Depois pare, respire fundo e escute a Deus que fala a você no silêncio.

Depois de escutar, faça a sua oração... pedindo... agradecendo...

Este momento, em que você dedica a Deus um pequeno tempo do seu dia, o ajudará a compreender, desde cedo, o tamanho do AMOR de Deus por você e o ajudará a encontrar o sentido da vida.

CELEBRAÇÃO DE ENTREGA DO CREDO

Querido catequizando(a),

Você recebeu das mãos da Igreja, o CREDO, contendo um resumo de tudo aquilo que professamos através da nossa fé.

A partir de agora, você meditará e se aprofundará no conhecimento e significado de cada artigo que forma o CREDO e tornar-se-á mais um guardião da fé que professamos.

* Registre qual foi a sensação de participar desta celebração e o que você sentiu ao receber o CREDO impresso, das mãos do padre, bem como a importância e o significado desta celebração para você.

_____
_____
_____
_____
_____
_____
_____
_____
_____
_____
_____
_____
_____
_____
_____
_____
_____

1º Encontro

A história continua...

Todos somos irmãos, pertencemos ao mesmo rebanho, à mesma família, pois Cristo é o pastor que nos conduz. Ele cuida de nós e não nos abandona.

Pela boca do profeta Ezequiel, Deus nos fala:

"cuidarei de minhas ovelhas e as resgatarei de todos os lugares [...]. Eu mesmo apascentarei minhas ovelhas e as farei repousar" (Ez 34,12.15).

✴ É hora de pensar e registrar o meu encontro

* Como foi o meu primeiro encontro de catequese nessa nova etapa? O que mais gostei?

_____
_____
_____
_____
_____
_____
_____

* Por que Jesus se intitula de pastor? Quais as atitudes do pastor de rebanhos?

_____
_____
_____
_____
_____
_____
_____

* O que aprendi que posso ensinar para alguém que não está participando da catequese?

_____
_____
_____
_____
_____
_____
_____

* Seus pedidos e intenções de oração da semana

> Escreva os nomes das pessoas por quem você quer rezar.

> Anote e desenhe situações e motivos que necessitam da sua oração.

ESPAÇO COMPLEMENTAR

2º Encontro

"Creio em Deus Pai, todo poderoso"

Dizer "eu creio", é aceitar livremente toda a verdade que Deus revelou ao ser humano. E isso exige um envolvimento pessoal, um comprometimento com Deus e com a Igreja de colocar em prática os seus ensinamentos. É revelar que acredita que Deus é Pai, que adotou os seres humanos como filhos e que seu poder se expressa em amor e misericórdia.

"Eu sou o Deus de teu pai [...] Desci para libertá-los das mãos dos egípcios e fazê-los sair desse país para uma terra boa e espaçosa, uma terra onde corre leite e mel" (Ex 3,6.8).

É hora de pensar e registrar o meu encontro

* O que significa "crer"?

_____
_____
_____
_____
_____
_____

* Por que a fé, apesar de ser individual, não pode ser vivida sozinha?

_____
_____
_____
_____
_____
_____
_____
_____

* Por que professamos que Deus é Pai e é todo poderoso?

_____
_____
_____
_____
_____

* Quais os nomes dados aos textos que contêm o resumo da fé que professamos?

_____
_____
_____
_____

✳ Cole o texto da "Profissão de Fé" que você recebeu no encontro de catequese.

★ Seus pedidos e intenções de oração da semana

➤ Escreva os nomes das pessoas por quem você quer rezar.

➤ Anote e desenhe situações e motivos que necessitam da sua oração.

ESPAÇO COMPLEMENTAR

3º Encontro

"Criador do céu e da terra"

Deus é o autor de todas as coisas, Ele é o princípio e o fim de toda a criação.

"No dia em que o Senhor Deus fez a terra e o céu [...] Deus formou o ser humano do pó da terra, soprou-lhe nas narinas o sopro de vida e ele tornou-se um ser vivo" (Gn 2,4b.7).

* **É hora de pensar e registrar o meu encontro**

✳ Por que dizemos que Deus é criador?

_____
_____
_____

✳ Qual deve ser nossa atitude diante da criação de Deus?

_____
_____
_____
_____

✳ Recorte de algumas revistas imagens de pássaros, animais e plantas e cole-as.

✷ Escreva uma oração agradecendo a Deus por todas as obras da criação.

✷ **Seus pedidos e intenções de oração da semana**

▶ Escreva os nomes das pessoas por quem você quer rezar.

▶ Anote situações e motivos que necessitam da sua oração.

ESPAÇO COMPLEMENTAR

4º Encontro

Reconhecendo a criação

A cada manhã, a cada novo dia, Deus nos dá uma nova chance, uma nova oportunidade de reconhecer e contemplar as maravilhas por Ele criadas e delas usufruir com responsabilidade.

"O Senhor Deus plantou um jardim em Éden, no oriente, e ali pôs o ser humano que havia formado" (Gn 2,8).

É hora de pensar e registrar o meu encontro

* Seguindo a orientação dada pelo(a) catequista, visite e observe a rua ou quadra indicada por ele(a) e anote tudo o que você constatou.

* Você já parou para contemplar as coisas a sua volta? Com que frequência você faz isto? Observou cores e beleza das flores e animais? Se ainda não fez, observe por alguns instantes a natureza e escreva os benefícios da criação em sua vida e para a comunidade.

* Por que é importante observar a criação? Escreva na imagem sua resposta.

* **Seus pedidos e intenções de oração da semana**

➤ Escreva os nomes das pessoas por quem você quer rezar.

➤ Anote e desenhe situações e motivos que necessitam da sua oração.

ESPAÇO COMPLEMENTAR

5º Encontro

Preservar a criação

Deus dá o direito ao homem e à mulher de usufruir de toda a criação, e lhes dá também a responsabilidade de cuidar dela e a preservar.

> *"O Senhor Deus tomou o ser humano e o colocou no jardim de Éden, para que o cultivasse e o guardasse"* (Gn 2,15).

✴ **É hora de pensar e registrar o meu encontro**

✶ Qual é a causa da destruição do meio ambiente?

_____
_____
_____
_____
_____
_____
_____

✶ O que você e toda a sua família podem fazer para cuidar e preservar a criação de Deus?

- Compromisso individual.

- Compromisso que poderá propor a toda a família.

✴ Observando a resposta anterior, reúna toda a família e proponha algumas mudanças de hábito do dia a dia para preservar a natureza e toda a criação. Escreva as atitudes que todos precisam realizar.

✱ Seus pedidos e intenções de oração da semana

➤ Escreva os nomes das pessoas por quem você quer rezar.

➤ Anote situações e motivos que necessitam da sua oração.

ESPAÇO COMPLEMENTAR

6º Encontro

Celebração Ecológica

Todos os dias somos convidados a contemplar a obra criadora de Deus e a louvar e agradecer por todos os benefícios que Ele nos dá. Somos chamados por Deus a cuidar da Criação com responsabilidade e a nos comprometermos a defender a vida.

"Olhai os pássaros do céu: não semeiam, nem colhem, mas o Pai celeste os alimenta" (Mt 6,26).

✸ É hora de pensar e registrar o meu encontro

✴ Como foi participar da Celebração Ecológica? O que refletimos e aprendemos com essa celebração?

_____
_____
_____
_____
_____
_____

✴ O que podemos fazer juntamente com a comunidade para cuidar e preservar o meio ambiente?

_____
_____
_____
_____
_____
_____

✸ Seus pedidos e intenções de oração da semana

➤ Escreva os nomes das pessoas por quem você quer rezar.

➤ Anote situações e motivos que necessitam da sua oração.

ESPAÇO COMPLEMENTAR

7º Encontro

"E em Jesus Cristo, seu único Filho"

Ao professarmos a fé, dizemos que Jesus é o Filho único e perfeito de Deus. É a nossa fé, graça de Deus, que nos ajuda a reconhecê-lo como o enviado do Pai para salvar a cada um de nós.

"E vós, quem dizeis que eu sou? [...] Tu és o Cristo, o Filho de Deus vivo" (Mt 16,15-16).

✸ É hora de pensar e registrar o meu encontro

✳ Quem é Jesus, e o que Ele representa para você?

_____
_____
_____
_____
_____

✳ Quais os vários nomes pelos quais o Filho único de Deus é conhecido?

_____
_____
_____
_____
_____
_____

✳ Em quais momentos da vida devemos manifestar e dar testemunho da nossa fé em Jesus?

_____
_____
_____
_____
_____

✸ Seus pedidos e intenções de oração da semana

➤ Escreva os nomes das pessoas por quem você quer rezar.

➤ Anote situações e motivos que necessitam da sua oração.

ESPAÇO COMPLEMENTAR

8º Encontro

"Nosso Senhor"

Confessar ou invocar Jesus como Senhor é crer em sua divindade. É acreditar que Jesus é a segunda pessoa da Santíssima Trindade. É crer em um único Deus em três pessoas.

"Toda a autoridade foi dada no céu e na terra. Ide, pois, fazei discípulos meus todos os povos, batizando-os em nome do Pai, e do Filho, e do Espírito Santo" (Mt 28,18-19).

É hora de pensar e registrar o meu encontro

- Por que Jesus ao enviar os discípulos, pediu para que batizassem "em nome do Pai, e do Filho e do Espírito Santo?

- Quais são as três pessoas da Santíssima Trindade e como se relacionam?

- O que aprendemos com a Santíssima Trindade e que podemos aplicar em nossa comunidade?

Seus pedidos e intenções de oração da semana

- Escreva os nomes das pessoas por quem você quer rezar.

- Anote situações e motivos que necessitam da sua oração.

ESPAÇO COMPLEMENTAR

9º Encontro

"Que foi concebido pelo poder do Espírito Santo"

Por ação do Espírito Santo, Maria ficou grávida e deu à luz ao Filho de Deus. Esse mistério é chamado de "encarnação": admirável união da natureza divina e da natureza humana na Pessoa de Jesus Cristo.

"O Espírito Santo virá sobre ti, e o poder do Altíssimo te cobrirá com sua sombra"(Lc 1,35).

✸ **É hora de pensar e registrar o meu encontro**

✴ Leia e medite o trecho bíblico do Evangelho de Lucas 1,26-35. Em seguida observe a cena da ilustração e a complete desenhando personagens e elementos descritos no Evangelho, colorindo toda a cena no final.

✴ Qual a reação de Maria ao receber o anúncio do anjo dizendo que ela foi escolhida para ser a mãe do filho de Deus? Qual a sua resposta?

_____
_____
_____
_____
_____
_____

✴ Por ação de quem Maria fica grávida?

_____
_____
_____
_____
_____
_____

✴ Assim como Maria foi escolhida, Deus também nos chama para contribuir com o seu projeto de salvação. Qual tem sido a sua resposta?

_____
_____
_____
_____
_____
_____

✦ Seus pedidos e intenções de oração da semana

➤ Escreva uma oração, pedindo que o Espírito Santo desça sobre você, para que ele o capacite e lhe dê coragem para anunciar Jesus Cristo às pessoas.

➤ Escreva os nomes das pessoas por quem você quer rezar.

➤ Anote situações e motivos que necessitam da sua oração.

ESPAÇO COMPLEMENTAR

10º Encontro

"Nasceu da Virgem Maria"

Deus escolheu uma mulher, jovem e humilde, para que dela nascesse Jesus. Hoje Maria é invocada como nossa Mãe e intercessora.

"Eis que a Virgem conceberá e dará à luz um filho, e o chamarão com o nome de Emanuel, que significa: Deus conosco" (Mt 1,23).

★ É hora de pensar e registrar o meu encontro

✶ Qual a importância e o significado de Maria para você e para toda a Igreja?

___

✶ Quais são os nomes dos pais de Maria, avós de Jesus?

___

✶ Como no encontro de catequese, faça um acróstico com o nome de Maria, escrevendo palavras ou frases que expressem virtudes e atitudes dela que considera exemplos para o seu agir de cristão.

M ___

A ___

R ___

I ___

A ___

* Escreva um pouco da história da vida de Maria, comentando o que você aprendeu no encontro de catequese.

✹ Seus pedidos e intenções de oração da semana

➤ Escreva os nomes das pessoas por quem você quer rezar.

➤ Anote situações e motivos que necessitam da sua oração.

ESPAÇO COMPLEMENTAR

11º Encontro

"Padeceu sob Pôncio Pilatos"

Jesus, mesmo sendo inocente, foi preso, julgado e condenado à morte de cruz pelo Império Romano.

"Pilatos querendo agradar o povo, soltou-lhes Barrabás. Quanto a Jesus, depois de tê-lo mandado açoitar, entregou-o para ser crucificado" (Mc 15,15).

✦ É hora de pensar e registrar o meu encontro

✵ Quem foi Pôncio Pilatos e o que ele representava?

_____
_____
_____
_____

✵ Por quais motivos Jesus foi condenado?

_____
_____
_____
_____
_____
_____

✵ Você já julgou ou falou mal de alguém sem conhecê-lo? Quais suas atitudes diante das pessoas que pensam e agem diferentemente de você?

_____
_____
_____
_____
_____
_____

✵ Escreva um propósito de pedir sempre a graça de Deus, para que você seja uma pessoa que acolha e saiba respeitar o seu próximo.

✦ Seus pedidos e intenções de oração da semana

➤ Escreva os nomes das pessoas por quem você quer rezar.

➤ Anote e desenhe situações e motivos que necessitam da sua oração.

ESPAÇO COMPLEMENTAR

12º Encontro

"Foi crucificado, morto e sepultado"

Por amor à humanidade, Cristo se entregou na cruz, livremente. Ele, no alto da cruz, assumiu os nossos pecados, e por seu amor até a morte, dá ao ser humano a oportunidade de salvação. Cristo, com sua morte, reconciliou com o Pai toda a humanidade.

"Depois de ter comprado um lençol de linho, José retirou o corpo da cruz, envolveu-o no lençol e o depositou num túmulo escavado na rocha" (Mc 15,46).

* **É hora de pensar e registrar o meu encontro**

* Por que Jesus, mesmo sendo inocente, aceita livremente ser crucificado?

* O que representa a cruz para os cristãos?

* Escreva em uma das cruzes os pecados da sociedade e na outra os valores que Jesus nos ensinou para combater os pecados da humanidade.

✦ Seus pedidos e intenções de oração da semana

➤ Escreva os nomes das pessoas por quem você quer rezar.

➤ Anote e desenhe situações e motivos que necessitam da sua oração.

ESPAÇO COMPLEMENTAR

13º Encontro

A morte

A morte não é o fim, é, na verdade, um novo nascimento, agora não mais para uma vida passageira, mas uma vida eterna junto de Deus.

> *"Mas agora, livres do pecado e feitos servos de Deus, colheis como fruto a santidade e, como fim, tendes a vida eterna"* (Rm 6,22).

✸ É hora de pensar e registrar o meu encontro

✴ O que é a morte para os cristãos?

_____
_____
_____
_____
_____
_____

✴ Você já perdeu alguém que quem gostava muito? Qual foi sua reação diante da perda e da morte dessa pessoa?

_____
_____
_____
_____
_____
_____
_____

✴ Anualmente, dedicamos um dia para celebrar pelos mortos, o dia de "finados" ou dia dos "fiéis defuntos". Qual o sentido de celebrar este dia para nós, cristãos? Explique escrevendo em forma de história.

_____
_____
_____
_____
_____
_____
_____
_____
_____

✦ Seus pedidos e intenções de oração da semana

➤ Recordar e escrever os nomes de familiares e amigos que já partiram e estão junto de Deus. Depois, fazer um momento de oração rezando por cada um deles.

_____
_____
_____
_____
_____

➤ Escreva os nomes das pessoas por quem você quer rezar.

➤ Anote situações e motivos que necessitam da sua oração.

ESPAÇO COMPLEMENTAR

14º Encontro

"Desceu à mansão dos mortos"

Apesar de fracos e pecadores, Cristo morreu por cada um de nós e nos deu a oportunidade de retornar ao paraíso, de viver junto de Deus.

"Assim como em Adão todos morreram, assim em Cristo todos reviverão" (1Cor 15,22).

✸ É hora de pensar e registrar o meu encontro

✳ O que quer dizer a palavra "anástasis"?

_____
_____

✳ O que significa dizer que Cristo desce à "mansão dos mortos"?

_____
_____
_____

✳ Observe a imagem da "anástasis" e desenhe em forma de história em quadrinhos o que você aprendeu sobre a descida de Jesus até à mansão dos mortos.

✦ Seus pedidos e intenções de oração da semana

➤ Escreva os nomes das pessoas por quem você quer rezar.

➤ Anote e desenhe situações e motivos que necessitam da sua oração.

ESPAÇO COMPLEMENTAR

15º Encontro

"Ressuscitou ao terceiro dia"

Jesus vence a morte e ressuscita ao terceiro dia, e com Ele todos nós ressuscitaremos.

"Cristo morreu por nossos pecados, segundo as Escrituras; que foi sepultado; que ressuscitou ao terceiro dia" (1Cor 15,3-4).

✦ **É hora de pensar e registrar o meu encontro**

✶ O que é a ressurreição para os cristãos?

✶ O que significa o número três na Bíblia?

✶ Qual o significado do Círio Pascal e quando ele é abençoado e aceso?

✶ Fazer um desenho de um Círio Pascal, com todos os símbolos e escrever o que cada um representa.

✱ Seus pedidos e intenções de oração da semana

➤ Escreva os nomes das pessoas por quem você quer rezar.

➤ Anote e desenhe situações e motivos que necessitam da sua oração.

ESPAÇO COMPLEMENTAR

16º Encontro

Celebração da luz

Jesus é a luz que dissipa todas as trevas e ilumina nossa vida. É o nosso farol, que nos orienta enquanto caminhamos neste mundo. Ele é nossa esperança, que nos conduz até o Reino dos Céus.

"Eu sou a luz do mundo. Quem me segue não andará nas trevas, mas terá a luz da vida" (Jo 8,12).

* **É hora de pensar e registrar o meu encontro**

* O que fazer para que Jesus seja nossa luz?

_____
_____
_____
_____
_____
_____

* E nós, enquanto cristãos, devemos ser luz para os nossos irmãos e irmãs. O que você precisa fazer para ser essa luz?

_____
_____
_____
_____
_____
_____

* **Seus pedidos e intenções de oração da semana**

➤ Escreva os nomes das pessoas por quem você quer rezar.

➤ Anote situações e motivos que necessitam da sua oração.

ESPAÇO COMPLEMENTAR

17º Encontro

"Subiu aos céus"

A subida de Jesus aos céus marca a entrada definitiva de sua humanidade no Reino de Deus.

"Levantou as mãos e os abençoou. Enquanto os abençoava, separou-se deles, e foi levado para o céu" (Lc 24,50-51).

✸ **É hora de pensar e registrar o meu encontro**

✶ Com a subida de Jesus aos céus, o que podemos dizer que acontecerá conosco?

_____
_____
_____
_____
_____
_____
_____

✶ Qual a diferença entre a "Ascensão de Jesus" e a "Assunção de Maria"?

_____
_____
_____
_____
_____
_____
_____
_____
_____
_____
_____
_____

✶ Pesquise no calendário litúrgico, com a ajuda dos seus pais ou responsáveis, as datas em que a Igreja celebra a "Ascensão do Senhor" e a "Assunção de Maria".

✴ Organize as frases numerando de 1 a 4. Depois, reescreva-as, formando um texto que mostre a responsabilidade de cada um em ajudar a construir um mundo melhor. Use sua criatividade para fazer colagens de imagens ou desenhos para ilustrar seu texto.

- ◯ Cada um de nós pode começar hoje mesmo a melhorar o mundo em que vive com gestos simples.
- ◯ Não devemos esperar sempre que outra pessoa o faça.
- ◯ Deus conta com cada um de nós para transformar este mundo no Seu Reino.
- ◯ Se cada um fizer a sua parte, com certeza o mundo será transformado e começaremos a viver aqui o Reino de paz e amor anunciado por Jesus.

✳ Quais compromissos você pode assumir para ajudar a construir um mundo melhor? Vivencie durante a semana e escreva como foi sua experiência em procurar mudar suas atitudes.

_____
_____
_____
_____
_____
_____
_____
_____
_____
_____
_____

✴ **Seus pedidos e intenções de oração da semana**

➤ Escreva os nomes das pessoas por quem você quer rezar.

➤ Anote situações e motivos que necessitam da sua oração.

ESPAÇO COMPLEMENTAR

18º Encontro

Como fazer esse céu na terra

Jesus, ao subir ao Pai, envia o Espírito Santo de Deus para fortalecer e revigorar o ânimo dos discípulos, para que anunciem ao mundo a boa-nova do Reino dos Céus, que deve começar a ser construído aqui na terra.

"De repente veio do céu um ruído, como o de um vento impetuoso [...] Viram aparecer, então, uma espécie de línguas de fogo, que se repartiram e foram pousar sobre cada um deles. Todos ficaram cheios do Espírito Santo" (At 2,2-4).

✹ **É hora de pensar e registrar o meu encontro**

✴ Jesus nos deixa a missão de anunciar o Reino e já começar a construí-lo aqui na terra. Como podemos começar a viver o céu aqui e o que você pode fazer para construí-lo?

_____
_____
_____
_____
_____

✴ Sozinhos não conseguimos vencer todas as tentações e viver tudo o que Jesus pediu. Para isso precisamos de auxílio. Quem Deus nos envia para nos capacitar e guiar nessa missão?

_____
_____
_____
_____

✴ Como e quando você percebe a presença do Espírito Santo agindo em sua vida? Cite algumas situações.

_____
_____
_____
_____
_____

✴ Escolha uma das situações citadas para descrever e partilhar com seus colegas.

_____
_____
_____
_____
_____

★ Seus pedidos e intenções de oração da semana

➤ Escreva os nomes das pessoas por quem você quer rezar.

➤ Anote e desenhe situações e motivos que necessitam da sua oração.

ESPAÇO COMPLEMENTAR

19º Encontro

"Está sentado à direita de Deus Pai, todo poderoso"

Jesus, ao subir para os céus, sentou-se à direita de Deus, mostrando a comunhão que existe entre o Pai e o Filho, bem como a obediência em cumprir o projeto do Pai.

"O Senhor Jesus foi elevado ao céu e sentou-se à direita de Deus" (Mc 16,19).

✦ **É hora de pensar e registrar o meu encontro**

✱ Como podemos reconhecer a grandeza de Deus e como podemos também um dia estar sentados ao seu lado no Reino dos Céus?

_____
_____
_____
_____
_____
_____
_____

✱ Jesus foi obediente e cumpriu tudo o que o Pai pediu. Como você tem praticado os ensinamentos que aprendeu na catequese?

_____
_____
_____
_____
_____

✱ Como você tem se relacionado com seus pais e responsáveis? Tem sido obediente a eles também, assim como foi Jesus?

* Seus pedidos e intenções de oração da semana

> Faça um desenho de todos os membros da sua família e depois escreva uma oração pedindo que Deus abençoe todos eles.

➤ Escreva os nomes das pessoas por quem você quer rezar.

➤ Anote e desenhe situações e motivos que necessitam da sua oração.

ESPAÇO COMPLEMENTAR

20º Encontro

"Donde há de vir a julgar os vivos e os mortos"

A Igreja nos ensina que Cristo voltará um dia. Não sabemos quando, por isso vivemos orando e vigiando. Na sua vinda, será instaurado definitivamente seu Reino, e nesse dia, os segredos dos corações dos homens e mulheres serão revelados, bem como a conduta de cada um em relação a Deus e ao próximo.

"Na verdade eu vos digo: quem escuta minha palavra e crê naquele que me enviou tem a vida eterna e não é condenado, mas passou da morte para a vida" (Jo 5,24).

✸ É hora de pensar e registrar o meu encontro

* O que é parúsia?

_____
_____
_____
_____
_____

* Como será o julgamento de Jesus no final dos tempos?

_____
_____
_____
_____
_____
_____

* O que é julgamento? Quando fazemos isso em relação ao nosso próximo?

_____
_____
_____
_____
_____

* Você já cometeu um julgamento injusto, pensando mal ou acusando alguém de ter cometido algo e depois descobriu que estava errado? Como foi descobrir que você estava errado no seu julgar?

✳ Complete os espaços do texto com as palavras:

> CORAÇÃO – JESUS – HISTÓRIA – AMAR – APONTAR – JULGAR – PRÓXIMO – CRESCER

Nós, enquanto seres humanos, mortais, sujeitos a erro, não devemos _____ o dedo a ninguém, pois não cabe a nós _____. Devemos _____ o nosso _____, procurando conhecê-lo e ajudá-lo a _____. O único que pode julgar alguém é _____, pois Ele é o único que conhece a _____ e o _____ de cada um.

✳ Leia atentamente o texto bíblico de Jo 5,24 e escreva as atitudes que devemos ter para receber a vida eterna:

_____
_____
_____
_____

✳ Seus pedidos e intenções de oração da semana

▸ Escreva os nomes das pessoas por quem você quer rezar.

▸ Anote situações e motivos que necessitam da sua oração.

ESPAÇO COMPLEMENTAR

21º Encontro

Um Deus de amor

Deus entregou à morte seu próprio Filho, por amor, para nos salvar e para não deixar que ninguém morresse. Deus nos ama incondicionalmente.

"Deus amou tanto o mundo que entregou o seu Filho único, para que todo aquele que nele crer não morra, mas tenha a vida eterna" (Jo 3,16).

✦ **É hora de pensar e registrar o meu encontro**

✦ Como você descreve o amor de Deus por nós? Como é este amor? Responda desenhando.

✶ Como você pode transmitir o amor que Deus tem por nós aos outros?
_____
_____
_____
_____
_____

✶ Confeccione cartões com mensagens falando do amor de Deus e distribua aos amigos e familiares, colocando em suas carteiras na escola, na mesa antes das refeições, e onde mais sua criatividade o levar. Registre aqui as mensagens.

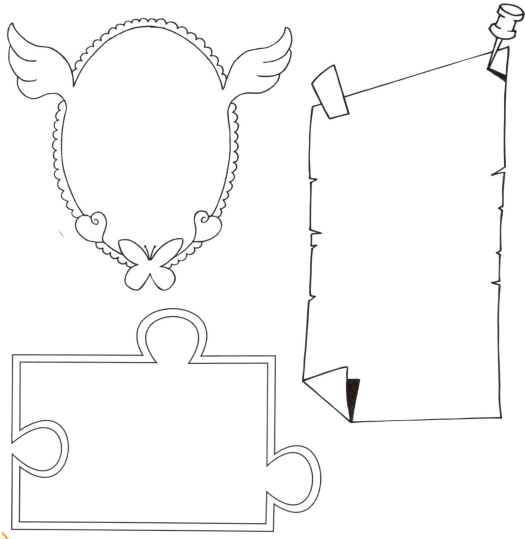

★ Seus pedidos e intenções de oração da semana

➤ Escreva os nomes das pessoas por quem você quer rezar.

➤ Anote e desenhe situações e motivos que necessitam da sua oração.

ESPAÇO COMPLEMENTAR

22º Encontro

"Creio no Espírito Santo"

O Espírito Santo, terceira pessoa da Santíssima Trindade, é aquele que nos auxilia, que nos santifica, que nos dá a coragem e nos impulsiona a servir a Deus e testemunhar a verdade de Cristo.

"O Espírito Santo que o Pai enviará em meu nome, ele vos ensinará tudo e vos trará à memória tudo quanto eu vos disse" (Jo 14,26).

É hora de pensar e registrar o meu encontro

- Por que dizemos que somos "templos" do Espírito Santo?

- Em que momentos você sente que o Espírito Santo lhe dá coragem para testemunhar que é cristão?

- Ao longo dos nossos encontros de catequese, lemos várias passagens que falam do Espírito Santo. Recorde algumas delas e anote no seu diário.

★ **Seus pedidos e intenções de oração da semana**

➤ Escreva os nomes das pessoas por quem você quer rezar.

➤ Anote e desenhe situações e motivos que necessitam da sua oração.

ESPAÇO COMPLEMENTAR

23º Encontro

Creio "na Santa Igreja Católica"

A Igreja significa "convocação". Não se refere ao local físico; a Igreja somos todos nós, assembleia de fiéis, batizados que se reúnem em torno da mesma fé no Cristo Senhor. Somos o povo de Deus, escolhidos por Ele, e espalhados por todos os cantos do mundo, formando assim: a Santa Igreja Católica.

"E eu te digo: Tu és Pedro e sobre esta pedra construirei a minha Igreja" (Mt 16,18).

✸ **É hora de pensar e registrar o meu encontro**

✴ O que é a Igreja? Por quem é formada e qual a sua missão no mundo? Registre como se estivesse criando um panfleto explicativo.

✴ O que é preciso para fazer parte da Igreja e como somos incorporados a ela? Através de qual sacramento?

✴ Pedro foi o primeiro Papa da nossa Igreja. Depois dele tivemos muitos papas. Escreva o nome do Papa atual e dos dois que vieram antes dele.

★ Seus pedidos e intenções de oração da semana

➤ Escreva os nomes das pessoas por quem você quer rezar.

➤ Anote e desenhe situações e motivos que necessitam da sua oração.

ESPAÇO COMPLEMENTAR

24º Encontro

Uma só família

A Igreja se espalhou pelo mundo todo com o anúncio e a pregação dos apóstolos. Todos nós batizados, não importando onde estejamos, formamos uma só família, onde Cristo é como o tronco de uma árvore e nós os seus ramos. Na Igreja, cada um tem um papel. Nela não há ninguém melhor, todos são iguais e devem colocar o que sabem a serviço do próximo.

> "Eu sou a videira, vós os ramos. Quem permanece em mim, e eu nele, dá muito fruto" (Jo 15,5).

✦ **É hora de pensar e registrar o meu encontro**

✶ Como é chamada a Igreja ao se referir à sua presença no mundo todo? Quem é responsável em unir e dirigir a Igreja, e onde é sua sede?

_____
_____
_____
_____
_____
_____

✶ O que é uma diocese, e quem é responsável por ela? Qual o nome do responsável atual pela sua diocese?

_____
_____
_____
_____
_____
_____

✶ Na ilustração da página 111, escreva nos espaços o nome da diocese a que você pertence, e o nome de sua paróquia e/ou comunidade.

✦ **Seus pedidos e intenções de oração da semana**

➤ Escreva os nomes das pessoas por quem você quer rezar.

➤ Anote situações e motivos que necessitam da sua oração.

ESPAÇO COMPLEMENTAR

25º Encontro

"Na comunhão dos santos"

Santos são todos os que foram incorporados a Cristo pelo Batismo. São também aqueles que reconheceram seus erros e limitações e se esforçaram para serem pessoas melhores a cada dia, para colocar em prática os ensinamentos do Senhor e foram canonizados pela Igreja. Isto porque eles se tornaram testemunhas exemplares do seguimento dos valores do Evangelho.

"Sede perfeitos como o vosso Pai celeste é perfeito" (Mt 5,48).

É hora de pensar e registrar o meu encontro

* Quem são os santos para nós?

___

* O que significa "comunhão dos santos"?

___

* Como podemos buscar a santidade? O que é preciso fazer?

✳ Pesquise e registre a história da vida do santo(a) que você escolheu no encontro de catequese.

⭐ **Seus pedidos e intenções de oração da semana**

➤ Escreva os nomes das pessoas por quem você quer rezar.

➤ Anote situações e motivos que necessitam da sua oração.

ESPAÇO COMPLEMENTAR

26º Encontro

Modelos de santidade

A Igreja, ao longo dos séculos, canonizou homens e mulheres para que fossem exemplos e modelos de santidade e obediência à palavra de Deus a nós, que ainda caminhamos neste mundo. A eles recorremos pedindo sua intercessão.

"Mas naquele que guarda a sua palavra, o amor de Deus é verdadeiramente perfeito" (1Jo 2,5).

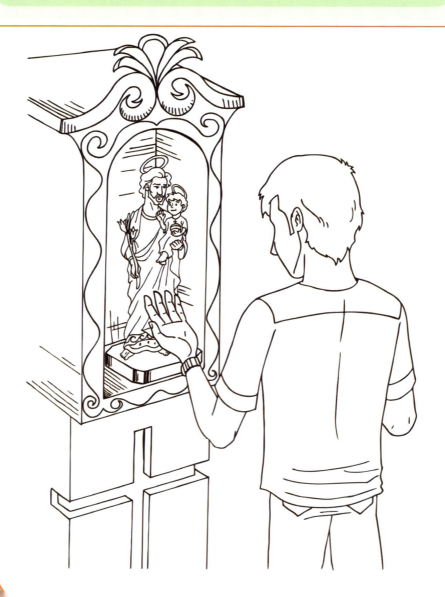

* É hora de pensar e registrar o meu encontro

* Qual o santo(a) você escolheu como modelo de vida e santidade? Desenhe ou cole aqui a foto dele.

* Escreva contando um pouco a história da vida do santo(a) que você escolheu para ser seu modelo e intercessor.

_____
_____
_____
_____
_____
_____
_____
_____

✶ Escreva uma das virtudes da vida desse santo(a), para que você possa exercitá-la em sua vida:

✦ Seus pedidos e intenções de oração da semana

➤ Escreva os nomes das pessoas por quem você quer rezar.

➤ Anote situações e motivos que necessitam da sua oração.

ESPAÇO COMPLEMENTAR

27º Encontro

"Na remissão dos pecados"

O próprio Cristo deixou, antes de subir junto ao Pai, a missão e o poder à Igreja de perdoar os pecados daqueles que, com coração sincero e arrependido, peçam perdão de suas faltas.

> "Em seu nome seria pregada a todas as nações a conversão para o perdão dos pecados" (Lc 24,45-48).

✤ É hora de pensar e registrar o meu encontro

✱ O que significa "remissão dos pecados"?

_____
_____
_____
_____
_____
_____

✱ Qual é o primeiro sacramento para remissão dos pecados?

✱ Faça um momento de silêncio e reflita sobre suas atitudes e quais delas pode mudar para ser melhor em relação a Deus, a si mesmo e ao próximo. Depois escreva um propósito de mudança.

_____
_____
_____
_____
_____
_____

✤ Seus pedidos e intenções de oração da semana

➤ Escreva os nomes das pessoas por quem você quer rezar.

➤ Anote situações e motivos que necessitam da sua oração.

ESPAÇO COMPLEMENTAR

28º Encontro

Creio "na ressurreição da carne, na vida eterna"

Como Cristo ressurgiu verdadeiramente dos mortos e vive para sempre, assim também Deus ressuscitará a todos nós no último dia.

> "Se o Espírito daquele que ressuscitou Jesus dos mortos habita em vós, quem ressuscitou Jesus Cristo dos mortos também dará a vida a vossos corpos mortais pelo seu Espírito que habita em vós" (Rm 8,11).

✦ É hora de pensar e registrar o meu encontro

✶ O que é ressurreição?

_____
_____
_____
_____
_____

✶ O que é a vida eterna?

_____
_____
_____
_____
_____

✦ Seus pedidos e intenções de oração da semana

➤ Escrever, após um momento de reflexão, uma oração pedindo que Deus perdoe os seus pecados e o conduza um dia até a vida eterna, no reino dos Céus.

_____
_____
_____
_____

➤ Escreva os nomes das pessoas por quem você quer rezar.

➤ Anote situações e motivos que necessitam da sua oração.

ESPAÇO COMPLEMENTAR

29º Encontro

A Profissão de Fé

Professar a fé significa dizer com a mente e o coração o que acreditamos. É testemunhar com nossa vida o Evangelho que nós anunciamos.

"Todos de Israel saibam, portanto, com a maior certeza, que este Jesus, por vós crucificado, Deus o constituiu Senhor e Cristo" (At 2,36).

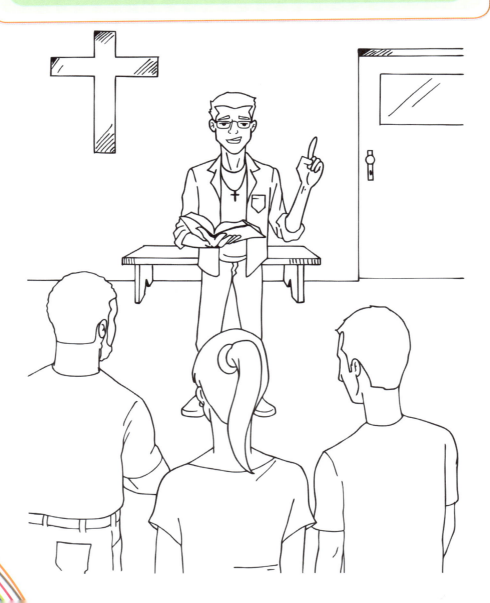

✦ É hora de pensar e registrar o meu encontro

* Como podemos professar a fé no nosso dia a dia? Crie uma história para responder.

* Escreva os doze artigos da Profissão de Fé e medite sobre cada um deles, recordando tudo o que você aprendeu ao longo da catequese este ano.

1.
2.
3.
4.
5.
6.
7.
8.
9.
10.
11.
12.

★ **Seus pedidos e intenções de oração da semana**

➤ Escreva os nomes das pessoas por quem você quer rezar.

➤ Anote e desenhe situações e motivos que necessitam da sua oração.

ESPAÇO COMPLEMENTAR

30º Encontro

Preparando a Celebração de Recitação da Profissão de Fé

Na celebração de recitação do símbolo de nossa fé, somos convidados a dar o nosso sim mais uma vez a Jesus, testemunhando e professando a fé perante a comunidade, mostrando o caminho de amadurecimento na fé que temos percorrido.

"Vinde, abençoados de meu Pai! Tomai posse do Reino preparado para vós desde a criação do mundo" (Mt 25,34).

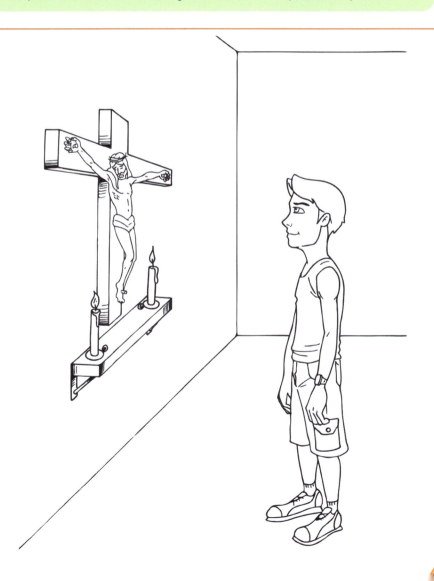

✸ **É hora de pensar e registrar o meu encontro**

✶ O que é professar a fé para você?

_____
_____
_____
_____
_____
_____

✶ O que significa professar a fé perante a comunidade reunida?

_____
_____
_____
_____
_____
_____

✶ Escreva o nome das pessoas mais próximas a você e as convide a participar da Celebração de Recitação da Profissão de Fé:

_____
_____
_____
_____
_____
_____

✶ Qual é a importância de essas pessoas estarem com você neste momento?

✦ Seus pedidos e intenções de oração da semana

➤ Escreva os nomes das pessoas por quem você quer rezar.

➤ Anote e desenhe situações e motivos que necessitam da sua oração.

ESPAÇO COMPLEMENTAR

CELEBRAÇÃO DE RECITAÇÃO DA PROFISSÃO DE FÉ

Querido catequizando(a),

Você recebeu das mãos da Igreja, o CREDO, contendo um resumo de tudo aquilo que professamos através da nossa fé, e durante toda a segunda etapa da catequese, juntamente com seu (sua) catequista, você meditou o significado de cada artigo que o compõe.

Nas próximas semanas, você irá professar a fé solenemente para toda a Igreja. Será mais um momento único e inesquecível para sua caminhada de fé.

Para que essa celebração possa acontecer, é preciso estar bem preparado(a).

É preciso que você, juntamente com seu (sua) catequista e demais catequizandos, dediquem-se em organizar cada detalhe da celebração, seja convidando os familiares e amigos para participarem, seja ensaiando os cantos da missa.

Registre quais as suas atividades para ANTES DA CELEBRAÇÃO:

DURANTE A CELEBRAÇÃO, concentre-se e preste bastante atenção em todos os momentos da celebração. Depois, registre sua experiência sem perder de vista os seguintes aspectos:

- Como foi participar e vivenciar esse grande momento de professar publicamente a fé.
- De qual parte da celebração você mais gostou.
- Quais as palavras ou frases mais chamaram sua atenção.
- Quem eram as pessoas que você convidou e que estavam presentes.
- Qual a sensação de ser chamado(a) a ir à frente do padre.
- O que você sentiu ao recitar o CREDO.

DEPOIS DA CELEBRAÇÃO, faça um momento de avaliação pessoal, descrevendo:

- Como você se preparou para este momento?
- Quais foram suas principais preocupações? Comente sobre elas, destacando se tinham sentido ou se foram geradas pela sua ansiedade.
- Qual o compromisso que você assume diante de Deus e da Igreja ao concluir mais esta etapa?

II PARTE

Meu domingo

Nas próximas páginas, querido catequizando, você irá relatar a partir da Liturgia da Palavra ouvida e meditada em cada celebração dominical (missa), o que mais chamou a atenção e como você poderá colocar isso em prática no seu dia a dia.

Mas por que devo ir à missa todo o domingo?

O domingo para nós cristãos é o dia por excelência para nos encontrarmos com Deus, dia de festa onde celebramos a "Páscoa Semanal": Memória do dia em que fomos libertos da morte e recebemos a vida nova em Cristo. Dia de nos reunir em comunidade para partilhar a Palavra e repartir o Pão do Corpo e Sangue de Cristo.

A cada domingo somos chamados a celebrar, a viver e a testemunhar o mistério da Páscoa (Paixão, Morte e Ressurreição de Jesus), atualizando-o em nossas vidas.

Organizando-se para participar da missa

Converse com a sua família e combinem um horário para todos os domingos participarem juntos da Santa Missa. Se acaso algum domingo tiverem outra atividade, se organizem e participem em outro horário. Se forem viajar, procurem uma igreja próxima. O importante é não faltar à missa. Deus sempre deve ser colocado em primeiro lugar em nossas vidas.

O que devo fazer após participar da missa?

Ao participar da Santa Missa, preste atenção qual domingo do Ano Litúrgico está sendo celebrado, pois você terá uma folha para cada domingo para escrever o que foi meditado em cada celebração.

Para facilitar sua atividade dividimos os domingos em três tempos, como sugere a organização do Ano Litúrgico:

- **Primeira parte:** Ciclo do Natal
- **Segunda parte:** Ciclo da Páscoa
- **Terceira parte:** Tempo Comum

Mas o que é o Ano Litúrgico mesmo?

A Igreja, guiada pelo Espírito Santo, no decorrer dos séculos se organizou para que os fiéis celebrassem e vivessem da melhor maneira sua fé no Cristo Ressuscitado. Para isso, criou seu próprio calendário chamado de "Ano Litúrgico".

O Ano Litúrgico é composto por dois grandes ciclos, Natal e Páscoa, e por um longo período de 33 ou 34 semanas, chamado de Tempo Comum.

Por que as cores se modificam nas celebrações?

As cores litúrgicas usadas nas celebrações se modificam para identificar o fato e o tempo do Ano Litúrgico que estamos vivendo.

Vamos ler sobre cada uma para compreender o que elas representam.

ROXO — É a cor da penitência. É uma cor forte, que nos leva a refletir, a pensar sobre as mudanças de vida que desejamos fazer. É usada no Tempo do Advento e da Quaresma, e ainda pode ser usada nos Ofícios e Missas dos fiéis defuntos.

BRANCO — Sinal de festa, pureza, alegria. Expressa sempre a cor da vitória da Luz sobre as trevas, da Vida sobre a morte, além de se referir à cor da roupa dos batizados que lavaram e alvejaram suas roupas em Cristo (Ap 7,13-14). É a cor usada no Tempo do Natal e no Tempo Pascal, nas festas do Senhor, de Nossa Senhora, dos anjos e dos santos não mártires. Em dias mais solenes podem ser usadas cores similares ao branco: cinza, pastel, bege, palha, prata, dourado.

VERDE — É a cor da esperança, natureza, referência à esperança da segunda vinda de Jesus. É usada em todo o Tempo Comum, tempo de espera sem grandes acontecimentos.

VERMELHO — O vermelho aparece sempre relacionado ao fogo do Espírito Santo e ao sangue dos mártires. Usado no Domingo de Ramos e na sexta-feira da Semana Santa, em Pentecostes e nas festas dos apóstolos e dos santos mártires.

ROSA — É um preanúncio da alegria, simboliza que a festa se aproxima. Pode ser usado no 3º domingo do Advento e 4º domingo da Quaresma.

Ano Litúrgico

Observe a ilustração do Calendário Litúrgico, e desenhe nos círculos a sua volta, imagens de símbolos utilizados nas celebrações litúrgicas, e que representem cada tempo do Ano Litúrgico:

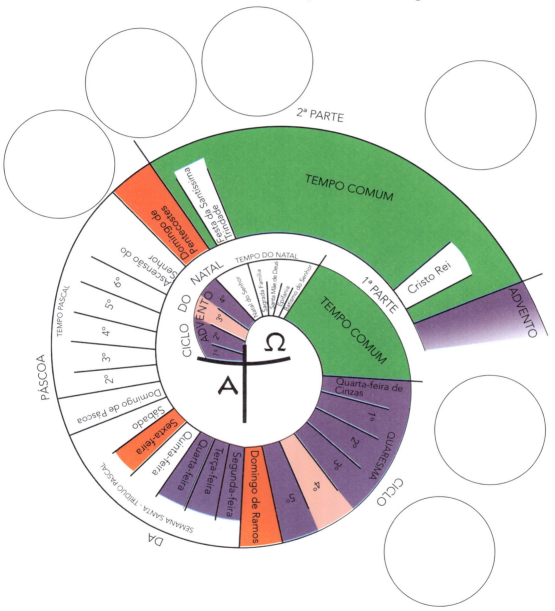

A cada ciclo e a cada domingo vamos meditar sobre a vida de Jesus e seus ensinamentos. Deixemos Cristo transformar a nossa vida. Uma boa celebração a todos!

Primeira parte – CICLO DO NATAL

O Ano Litúrgico da Igreja não coincide com o ano civil. Ele tem início com o **Advento**, período de alegre espera, de esperança, de preparação para a chegada de Cristo que vem no **Natal** e também de seu retorno, sua segunda vinda. Após as quatro semanas do Advento celebramos o mistério da encarnação e do nascimento de Jesus no Natal. O Verbo se faz carne e vem habitar entre nós.

No domingo depois do Natal celebramos a Festa da Sagrada Família, a Solenidade de Maria Mãe de Deus em 1º de janeiro e no domingo seguinte a **Epifania**, onde Jesus se manifesta às nações como o Filho de Deus.

O ciclo do Natal se encerra com a celebração do Batismo do Senhor, que marca o início da missão de Jesus, que culminará com a Páscoa.

LITURGIA DA PALAVRA

MEU DOMINGO
1º Domingo do Advento

Data: ___/___/_____

1ª Leitura:

Cor litúrgica usada ◯

Qual foi a resposta do salmo:

2ª Leitura:

Evangelho:

Descreva nas linhas uma mensagem que você tirou da Liturgia da Palavra e de toda celebração:

_____
_____
_____
_____
_____

MEU DOMINGO
2º Domingo do Advento

Data: ___/___/_____

1ª Leitura:

Cor litúrgica usada ◯

Qual foi a resposta do salmo:

2ª Leitura:

Evangelho:

Descreva nas linhas uma mensagem que você tirou da Liturgia da Palavra e de toda celebração:

_____
_____
_____
_____
_____

LITURGIA DA PALAVRA

MEU DOMINGO
3º Domingo do Advento

Data: ___/___/_____

1ª Leitura:

Cor litúrgica usada ○

Qual foi a resposta do salmo:

2ª Leitura:

Evangelho:

Descreva nas linhas uma mensagem que você tirou da Liturgia da Palavra e de toda celebração:

_____
_____
_____
_____
_____

MEU DOMINGO
4º Domingo do Advento

Data: ___/___/_____

1ª Leitura:

Cor litúrgica usada ○

Qual foi a resposta do salmo:

2ª Leitura:

Evangelho:

Descreva nas linhas uma mensagem que você tirou da Liturgia da Palavra e de toda celebração:

_____
_____
_____
_____
_____

LITURGIA DA PALAVRA

MEU DOMINGO
Celebração do Natal

Data: ____/____/____

1ª Leitura:

Cor litúrgica usada ◯

Qual foi a resposta do salmo:

2ª Leitura:

Evangelho:

Descreva nas linhas uma mensagem que você tirou da Liturgia da Palavra e de toda celebração:

_____
_____
_____
_____

MEU DOMINGO
Festa da Sagrada Família de Jesus, Maria e José

Data: ____/____/____

1ª Leitura:

Cor litúrgica usada ◯

Qual foi a resposta do salmo:

2ª Leitura:

Evangelho:

Descreva nas linhas uma mensagem que você tirou da Liturgia da Palavra e de toda celebração:

_____
_____
_____
_____

LITURGIA DA PALAVRA

1º DE JANEIRO
Solenidade da Santa Mãe de Deus

Data: ____/____/____

1ª Leitura:

Cor litúrgica usada ◯

Qual foi a resposta do salmo:

2ª Leitura:

Evangelho:

Descreva nas linhas uma mensagem que você tirou da Liturgia da Palavra e de toda celebração:

_____
_____
_____
_____

MEU DOMINGO
Solenidade da Epifania do Senhor

Data: ____/____/____

1ª Leitura:

Cor litúrgica usada ◯

Qual foi a resposta do salmo:

2ª Leitura:

Evangelho:

Descreva nas linhas uma mensagem que você tirou da Liturgia da Palavra e de toda celebração:

_____
_____
_____
_____

LITURGIA DA PALAVRA

MEU DOMINGO
Festa do Batismo do Senhor

Data: ___/___/_____

1ª Leitura:

Cor litúrgica usada ○

Qual foi a resposta do salmo:

2ª Leitura:

Evangelho:

Descreva nas linhas uma mensagem que você tirou da Liturgia da Palavra e de toda celebração:

_____
_____
_____
_____
_____

Segunda parte – CICLO DA PÁSCOA

O ciclo da Páscoa começa com a celebração da **Quarta-feira de Cinzas**. Iniciamos assim a **Quaresma**. São quarenta dias nos quais a Igreja nos convida de uma forma especial à prática da caridade, penitência, oração, jejum e, principalmente, conversão. Durante a Quaresma não se canta "aleluias" e nem o hino de louvor, e evita-se ornamentar as igrejas com flores. A Conferência Nacional dos Bispos do Brasil (CNBB) propõe a cada ano, durante este período, uma vivência concreta de gestos de fraternidade em torno de um tema comum. É a chamada Campanha da Fraternidade. Assim a Quaresma se reveste de um significado atual dentro de um convite à reflexão e à prática do amor fraterno.

Ao final da Quaresma inicia-se a **Semana Santa**, que vai desde o **Domingo de Ramos**, onde celebramos a entrada triunfal de Jesus em Jerusalém, anunciando a proximidade da Páscoa até o **Domingo de Páscoa**.

De quinta a sábado celebramos o **Tríduo Pascal**. A liturgia nos propõe que na quinta-feira pela manhã se celebre a missa dos Santos óleos, onde nossos presbíteros (padres) unidos ao bispo fazem a renovação do seu compromisso assumido no dia de sua ordenação, e também são abençoados os óleos dos enfermos e dos catecúmenos e consagrado o óleo do santo crisma (em algumas dioceses essa celebração, por questão pastoral, é realizada na quarta-feira à noite). A Quinta-feira Santa é o dia em que recordamos a instituição da Eucaristia. A Sexta-feira Santa é o único dia do ano em que não se celebra os Sacramentos, mas sim a Paixão e Morte de Jesus. No Sábado Santo é o dia da **Vigília Pascal**, a vigília mais importante, na qual celebramos a Ressurreição do Senhor.

Cinquenta dias após a Páscoa celebramos o Pentecostes, que assinala o início da missão da Igreja iluminada pela presença vivificadora do Espírito Santo. No domingo anterior ao domingo de Pentecostes, a liturgia celebra a Festa da Santíssima Trindade.

LITURGIA DA PALAVRA

QUARTA-FEIRA DE CINZAS

Data: ___/___/_____

1ª Leitura:

Cor litúrgica usada ◯

Qual foi a resposta do salmo:

2ª Leitura:

Evangelho:

Descreva nas linhas uma mensagem que você tirou da Liturgia da Palavra e de toda celebração:

_____
_____
_____
_____
_____

MEU DOMINGO
1º Domingo da Quaresma

Data: ___/___/_____

1ª Leitura:

Cor litúrgica usada ◯

Qual foi a resposta do salmo:

2ª Leitura:

Evangelho:

Descreva nas linhas uma mensagem que você tirou da Liturgia da Palavra e de toda celebração:

_____
_____
_____
_____
_____

LITURGIA DA PALAVRA

MEU DOMINGO
2º Domingo da Quaresma

Data: ____/____/_____

1ª Leitura:

Cor litúrgica usada ◯

Qual foi a resposta do salmo:

2ª Leitura:

Evangelho:

Descreva nas linhas uma mensagem que você tirou da Liturgia da Palavra e de toda celebração:

_____
_____
_____
_____

MEU DOMINGO
3º Domingo da Quaresma

Data: ____/____/_____

1ª Leitura:

Cor litúrgica usada ◯

Qual foi a resposta do salmo:

2ª Leitura:

Evangelho:

Descreva nas linhas uma mensagem que você tirou da Liturgia da Palavra e de toda celebração:

_____
_____
_____
_____

LITURGIA DA PALAVRA

MEU DOMINGO
4º Domingo da Quaresma

Data: ___/___/_____

1ª Leitura:

Cor litúrgica usada ◯

Qual foi a resposta do salmo:

2ª Leitura:

Evangelho:

Descreva nas linhas uma mensagem que você tirou da Liturgia da Palavra e de toda celebração:

_____
_____
_____
_____

MEU DOMINGO
5º Domingo da Quaresma

Data: ___/___/_____

1ª Leitura:

Cor litúrgica usada ◯

Qual foi a resposta do salmo:

2ª Leitura:

Evangelho:

Descreva nas linhas uma mensagem que você tirou da Liturgia da Palavra e de toda celebração:

_____
_____
_____
_____

LITURGIA DA PALAVRA

MEU DOMINGO
Domingo de Ramos da Paixão do Senhor

Data: ___/___/_____

Cor litúrgica usada ○

1ª Leitura:

Qual foi a resposta do salmo:

2ª Leitura:

Evangelho:

Descreva nas linhas uma mensagem que você tirou da Liturgia da Palavra e de toda celebração:

_____
_____
_____
_____

QUINTA-FEIRA SANTA
Missa da Ceia do Senhor

Data: ___/___/_____

Cor litúrgica usada ○

1ª Leitura:

Qual foi a resposta do salmo:

2ª Leitura:

Evangelho:

Descreva nas linhas uma mensagem que você tirou da Liturgia da Palavra e de toda celebração:

_____
_____
_____
_____

LITURGIA DA PALAVRA

SEXTA-FEIRA DA PAIXÃO DO SENHOR

Data: ___/___/_____

1ª Leitura:

Cor litúrgica usada ◯

Qual foi a resposta do salmo:

2ª Leitura:

Evangelho:

Descreva nas linhas uma mensagem que você tirou da Liturgia da Palavra e de toda celebração:

_____
_____
_____
_____

SÁBADO SANTO VIGÍLIA PASCAL

Data: ___/___/_____

1ª Leitura:

Cor litúrgica usada ◯

Qual foi a resposta do salmo:

2ª Leitura:

Evangelho:

Descreva nas linhas uma mensagem que você tirou da Liturgia da Palavra e de toda celebração:

_____
_____
_____
_____

LITURGIA DA PALAVRA

MEU DOMINGO
Domingo da Páscoa

Data: ____/____/_____

1ª Leitura:

Qual foi a resposta do salmo:

Cor litúrgica usada ◯

2ª Leitura:

Evangelho:

Descreva nas linhas uma mensagem que você tirou da Liturgia da Palavra e de toda celebração:

_____
_____
_____
_____
_____

MEU DOMINGO
2º Domingo da Páscoa

Data: ____/____/_____

1ª Leitura:

Qual foi a resposta do salmo:

Cor litúrgica usada ◯

2ª Leitura:

Evangelho:

Descreva nas linhas uma mensagem que você tirou da Liturgia da Palavra e de toda celebração:

_____
_____
_____
_____
_____

LITURGIA DA PALAVRA

MEU DOMINGO
3º Domingo da Páscoa

Data: ____/____/____

1ª Leitura:

Cor litúrgica usada ◯

Qual foi a resposta do salmo:

2ª Leitura:

Evangelho:

Descreva nas linhas uma mensagem que você tirou da Liturgia da Palavra e de toda celebração:

_____
_____
_____
_____
_____

MEU DOMINGO
4º Domingo da Páscoa

Data: ____/____/____

1ª Leitura:

Cor litúrgica usada ◯

Qual foi a resposta do salmo:

2ª Leitura:

Evangelho:

Descreva nas linhas uma mensagem que você tirou da Liturgia da Palavra e de toda celebração:

_____
_____
_____
_____
_____

LITURGIA DA PALAVRA

MEU DOMINGO
5º Domingo da Páscoa

Data: ____/____/____

1ª Leitura:

Qual foi a resposta do salmo:

2ª Leitura:

Evangelho:

Cor litúrgica usada ◯

Descreva nas linhas uma mensagem que você tirou da Liturgia da Palavra e de toda celebração:

_____
_____
_____
_____

MEU DOMINGO
6º Domingo da Páscoa

Data: ____/____/____

1ª Leitura:

Qual foi a resposta do salmo:

2ª Leitura:

Evangelho:

Cor litúrgica usada ◯

Descreva nas linhas uma mensagem que você tirou da Liturgia da Palavra e de toda celebração:

_____
_____
_____
_____

LITURGIA DA PALAVRA

MEU DOMINGO
Solenidade da Ascensão do Senhor

Data: ___/___/_____

1ª Leitura:

Cor litúrgica usada ○

Qual foi a resposta do salmo:

2ª Leitura:

Evangelho:

Descreva nas linhas uma mensagem que você tirou da Liturgia da Palavra e de toda celebração:

_____
_____
_____
_____
_____

MEU DOMINGO
Solenidade de Pentecostes

Data: ___/___/_____

1ª Leitura:

Cor litúrgica usada ○

Qual foi a resposta do salmo:

2ª Leitura:

Evangelho:

Descreva nas linhas uma mensagem que você tirou da Liturgia da Palavra e de toda celebração:

_____
_____
_____
_____
_____

Terceira parte – TEMPO COMUM

Após celebrarmos o Batismo do Senhor iniciamos o chamado **Tempo Comum**, que é constituído por 33 ou 34 semanas. O Tempo Comum se inicia na segunda-feira e se estende até a terça-feira anterior à Quarta-feira de Cinzas, onde é interrompido e dá lugar ao ciclo da Páscoa e retomado na segunda-feira após o Domingo de Pentecostes, que se estende até o sábado anterior ao 1º domingo do Advento.

É um tempo destinado ao acolhimento da Boa-nova do Reino de Deus anunciado por Jesus.

Alguns domingos do Tempo Comum poderão ceder lugar a algumas solenidades como, por exemplo, o 1º domingo do Tempo Comum, que cede lugar à Festa do Batismo do Senhor, bem como outros domingos do Tempo Comum que dão lugar a Pentecostes, a Solenidade da Santíssima Trindade, a Solenidade de São Pedro e São Paulo, a Solenidade da Assunção de Nossa Senhora, a Solenidade de Todos os Santos e a Solenidade de Nosso Senhor Jesus Cristo Rei do Universo. Quando isso ocorre, a cor litúrgica do Tempo Comum também é modificada para identificar o fato/o momento/o acontecimento que está sendo celebrado.

LITURGIA DA PALAVRA

MEU DOMINGO
2º Domingo do Tempo Comum

Data: ___/___/_____

1ª Leitura:

Cor litúrgica usada ◯

Qual foi a resposta do salmo:

2ª Leitura:

Evangelho:

Descreva nas linhas uma mensagem que você tirou da Liturgia da Palavra e de toda celebração:

_____
_____
_____
_____
_____

MEU DOMINGO
3º Domingo do Tempo Comum

Data: ___/___/_____

1ª Leitura:

Cor litúrgica usada ◯

Qual foi a resposta do salmo:

2ª Leitura:

Evangelho:

Descreva nas linhas uma mensagem que você tirou da Liturgia da Palavra e de toda celebração:

_____
_____
_____
_____
_____

LITURGIA DA PALAVRA

MEU DOMINGO
4º Domingo do Tempo Comum

Data: ___/___/_____

1ª Leitura:

Cor litúrgica usada ○

Qual foi a resposta do salmo:

2ª Leitura:

Evangelho:

Descreva nas linhas uma mensagem que você tirou da Liturgia da Palavra e de toda celebração:

_____
_____
_____
_____
_____

MEU DOMINGO
5º Domingo do Tempo Comum

Data: ___/___/_____

1ª Leitura:

Cor litúrgica usada ○

Qual foi a resposta do salmo:

2ª Leitura:

Evangelho:

Descreva nas linhas uma mensagem que você tirou da Liturgia da Palavra e de toda celebração:

_____
_____
_____
_____
_____

LITURGIA DA PALAVRA

MEU DOMINGO
6º Domingo do Tempo Comum

Data: ___/___/_____

Cor litúrgica usada ◯

1ª Leitura:

Qual foi a resposta do salmo:

2ª Leitura:

Evangelho:

Descreva nas linhas uma mensagem que você tirou da Liturgia da Palavra e de toda celebração:

_____
_____
_____
_____
_____

MEU DOMINGO
7º Domingo do Tempo Comum

Data: ___/___/_____

Cor litúrgica usada ◯

1ª Leitura:

Qual foi a resposta do salmo:

2ª Leitura:

Evangelho:

Descreva nas linhas uma mensagem que você tirou da Liturgia da Palavra e de toda celebração:

_____
_____
_____
_____
_____

LITURGIA DA PALAVRA

MEU DOMINGO
8º Domingo do Tempo Comum

Data: ____/____/____

1ª Leitura:

Cor litúrgica usada ◯

Qual foi a resposta do salmo:

2ª Leitura:

Evangelho:

Descreva nas linhas uma mensagem que você tirou da Liturgia da Palavra e de toda celebração:

_____
_____
_____
_____
_____

MEU DOMINGO
9º Domingo do Tempo Comum

Data: ____/____/____

1ª Leitura:

Cor litúrgica usada ◯

Qual foi a resposta do salmo:

2ª Leitura:

Evangelho:

Descreva nas linhas uma mensagem que você tirou da Liturgia da Palavra e de toda celebração:

_____
_____
_____
_____
_____

LITURGIA DA PALAVRA

MEU DOMINGO
10º Domingo do Tempo Comum

Data: ____/____/_____

1ª Leitura:

Qual foi a resposta do salmo:

Cor litúrgica usada ◯

2ª Leitura:

Evangelho:

Descreva nas linhas uma mensagem que você tirou da Liturgia da Palavra e de toda celebração:

_____
_____
_____
_____

MEU DOMINGO
11º Domingo do Tempo Comum

Data: ____/____/_____

1ª Leitura:

Qual foi a resposta do salmo:

Cor litúrgica usada ◯

2ª Leitura:

Evangelho:

Descreva nas linhas uma mensagem que você tirou da Liturgia da Palavra e de toda celebração:

_____
_____
_____
_____

LITURGIA DA PALAVRA

MEU DOMINGO
12º Domingo do Tempo Comum

Data: ___/___/_____

1ª Leitura:

Qual foi a resposta do salmo:

2ª Leitura:

Evangelho:

Cor litúrgica usada ◯

Descreva nas linhas uma mensagem que você tirou da Liturgia da Palavra e de toda celebração:

_____
_____
_____
_____
_____

MEU DOMINGO
13º Domingo do Tempo Comum

Data: ___/___/_____

1ª Leitura:

Qual foi a resposta do salmo:

2ª Leitura:

Evangelho:

Cor litúrgica usada ◯

Descreva nas linhas uma mensagem que você tirou da Liturgia da Palavra e de toda celebração:

_____
_____
_____
_____
_____

LITURGIA DA PALAVRA

MEU DOMINGO
14º Domingo do Tempo Comum

Data: ___/___/_____

1ª Leitura:

Cor litúrgica usada ○

Qual foi a resposta do salmo:

2ª Leitura:

Evangelho:

Descreva nas linhas uma mensagem que você tirou da Liturgia da Palavra e de toda celebração:

_____
_____
_____
_____
_____

MEU DOMINGO
15º Domingo do Tempo Comum

Data: ___/___/_____

1ª Leitura:

Cor litúrgica usada ○

Qual foi a resposta do salmo:

2ª Leitura:

Evangelho:

Descreva nas linhas uma mensagem que você tirou da Liturgia da Palavra e de toda celebração:

_____
_____
_____
_____
_____

LITURGIA DA PALAVRA

MEU DOMINGO
16º Domingo do Tempo Comum

Data: ___/___/_____

1ª Leitura:

Cor litúrgica usada ◯

Qual foi a resposta do salmo:

2ª Leitura:

Evangelho:

Descreva nas linhas uma mensagem que você tirou da Liturgia da Palavra e de toda celebração:

_____
_____
_____
_____
_____

MEU DOMINGO
17º Domingo do Tempo Comum

Data: ___/___/_____

1ª Leitura:

Cor litúrgica usada ◯

Qual foi a resposta do salmo:

2ª Leitura:

Evangelho:

Descreva nas linhas uma mensagem que você tirou da Liturgia da Palavra e de toda celebração:

_____
_____
_____
_____
_____

LITURGIA DA PALAVRA

MEU DOMINGO
18º Domingo do Tempo Comum

Data: ___/___/_____

1ª Leitura:

Qual foi a resposta do salmo:

2ª Leitura:

Evangelho:

Cor litúrgica usada ◯

Descreva nas linhas uma mensagem que você tirou da Liturgia da Palavra e de toda celebração:

_____
_____
_____
_____
_____

MEU DOMINGO
19º Domingo do Tempo Comum

Data: ___/___/_____

1ª Leitura:

Qual foi a resposta do salmo:

2ª Leitura:

Evangelho:

Cor litúrgica usada ◯

Descreva nas linhas uma mensagem que você tirou da Liturgia da Palavra e de toda celebração:

_____
_____
_____
_____
_____

LITURGIA DA PALAVRA

MEU DOMINGO
20º Domingo do Tempo Comum

Data: ____/____/_____

1ª Leitura:

Cor litúrgica usada ○

Qual foi a resposta do salmo:

2ª Leitura:

Evangelho:

Descreva nas linhas uma mensagem que você tirou da Liturgia da Palavra e de toda celebração:

_____
_____
_____
_____
_____

MEU DOMINGO
21º Domingo do Tempo Comum

Data: ____/____/_____

1ª Leitura:

Cor litúrgica usada ○

Qual foi a resposta do salmo:

2ª Leitura:

Evangelho:

Descreva nas linhas uma mensagem que você tirou da Liturgia da Palavra e de toda celebração:

_____
_____
_____
_____
_____

LITURGIA DA PALAVRA

MEU DOMINGO
22º Domingo do Tempo Comum

Data: ___/___/___

1ª Leitura:

Qual foi a resposta do salmo:

Cor litúrgica usada ◯

2ª Leitura:

Evangelho:

Descreva nas linhas uma mensagem que você tirou da Liturgia da Palavra e de toda celebração:

_____
_____
_____
_____
_____

MEU DOMINGO
23º Domingo do Tempo Comum

Data: ___/___/___

1ª Leitura:

Qual foi a resposta do salmo:

Cor litúrgica usada ◯

2ª Leitura:

Evangelho:

Descreva nas linhas uma mensagem que você tirou da Liturgia da Palavra e de toda celebração:

_____
_____
_____
_____
_____

LITURGIA DA PALAVRA

MEU DOMINGO
24º Domingo do Tempo Comum

Data: ___/___/_____

1ª Leitura:

Cor litúrgica usada ○

Qual foi a resposta do salmo:

2ª Leitura:

Evangelho:

Descreva nas linhas uma mensagem que você tirou da Liturgia da Palavra e de toda celebração:

_____
_____
_____
_____
_____

MEU DOMINGO
25º Domingo do Tempo Comum

Data: ___/___/_____

1ª Leitura:

Cor litúrgica usada ○

Qual foi a resposta do salmo:

2ª Leitura:

Evangelho:

Descreva nas linhas uma mensagem que você tirou da Liturgia da Palavra e de toda celebração:

_____
_____
_____
_____
_____

LITURGIA DA PALAVRA

MEU DOMINGO
26º Domingo do Tempo Comum

Data: ___/___/_____

1ª Leitura:

Cor litúrgica usada ◯

Qual foi a resposta do salmo:

2ª Leitura:

Evangelho:

Descreva nas linhas uma mensagem que você tirou da Liturgia da Palavra e de toda celebração:

_____
_____
_____
_____
_____

MEU DOMINGO
27º Domingo do Tempo Comum

Data: ___/___/_____

1ª Leitura:

Cor litúrgica usada ◯

Qual foi a resposta do salmo:

2ª Leitura:

Evangelho:

Descreva nas linhas uma mensagem que você tirou da Liturgia da Palavra e de toda celebração:

_____
_____
_____
_____
_____

LITURGIA DA PALAVRA

MEU DOMINGO
28º Domingo do Tempo Comum

Data: ___/___/_____

1ª Leitura:

Cor litúrgica usada ◯

Qual foi a resposta do salmo:

2ª Leitura:

Evangelho:

Descreva nas linhas uma mensagem que você tirou da Liturgia da Palavra e de toda celebração:

_____
_____
_____
_____
_____

MEU DOMINGO
29º Domingo do Tempo Comum

Data: ___/___/_____

1ª Leitura:

Cor litúrgica usada ◯

Qual foi a resposta do salmo:

2ª Leitura:

Evangelho:

Descreva nas linhas uma mensagem que você tirou da Liturgia da Palavra e de toda celebração:

_____
_____
_____
_____
_____

LITURGIA DA PALAVRA

MEU DOMINGO
30º Domingo do Tempo Comum

Data: ___/___/_____

1ª Leitura:

Cor litúrgica usada ⬤

Qual foi a resposta do salmo:

2ª Leitura:

Evangelho:

Descreva nas linhas uma mensagem que você tirou da Liturgia da Palavra e de toda celebração:

_____
_____
_____
_____
_____

MEU DOMINGO
31º Domingo do Tempo Comum

Data: ___/___/_____

1ª Leitura:

Cor litúrgica usada ⬤

Qual foi a resposta do salmo:

2ª Leitura:

Evangelho:

Descreva nas linhas uma mensagem que você tirou da Liturgia da Palavra e de toda celebração:

_____
_____
_____
_____
_____

LITURGIA DA PALAVRA

MEU DOMINGO
32º Domingo do Tempo Comum

Data: ___/___/_____

1ª Leitura:

Cor litúrgica usada ○

Qual foi a resposta do salmo:

2ª Leitura:

Evangelho:

Descreva nas linhas uma mensagem que você tirou da Liturgia da Palavra e de toda celebração:

_____
_____
_____
_____
_____

MEU DOMINGO
33º Domingo do Tempo Comum

Data: ___/___/_____

1ª Leitura:

Cor litúrgica usada ○

Qual foi a resposta do salmo:

2ª Leitura:

Evangelho:

Descreva nas linhas uma mensagem que você tirou da Liturgia da Palavra e de toda celebração:

_____
_____
_____
_____
_____

LITURGIA DA PALAVRA

MEU DOMINGO
34º Domingo do Tempo Comum
Solenidade de Nosso Senhor
Jesus Cristo Rei do Universo

Data: ____/____/_____

Cor litúrgica usada ◯

1ª Leitura:

Qual foi a resposta do salmo:

2ª Leitura:

Evangelho:

Descreva nas linhas uma mensagem que você tirou da Liturgia da Palavra e de toda celebração:

_____
_____
_____
_____
_____

SOLENIDADE DO SANTÍSSIMO SACRAMENTO DO CORPO E SANGUE DE CRISTO *(Corpus Christi)*

Data: ____/____/_____

Cor litúrgica usada ◯

1ª Leitura:

Qual foi a resposta do salmo:

2ª Leitura:

Evangelho:

Descreva nas linhas uma mensagem que você tirou da Liturgia da Palavra e de toda celebração:

_____
_____
_____
_____
_____

Algumas orações cristãs

ORAÇÃO DO PAI-NOSSO

Pai nosso que estais nos céus, santificado seja o vosso Nome, venha a nós o vosso reino, seja feita a vossa vontade, assim na terra como no Céu. O pão nosso de cada dia nos dai hoje; perdoai-nos as nossas ofensas, assim como nós perdoamos a quem nos tem ofendido, e não nos deixeis cair em tentação, mas livrai-nos do mal. (Pois teu é o reino, o poder e a glória para sempre.) Amém.

INVOCAÇÃO AO ESPÍRITO SANTO

Vinde, Espírito Santo,
enchei os corações dos vossos fiéis
e acendei neles o fogo do vosso amor.
Enviai o vosso Espírito, e tudo será criado, e renovareis a face da terra.

Oremos:
Ó Deus,
que instruístes os corações dos vossos fiéis
com a luz do Espírito Santo,
fazei que apreciemos retamente todas as coisas
segundo este mesmo Espírito
e gozemos sempre da sua conso-lação.
Por Cristo, Senhor nosso. Amém

AVE-MARIA

Ave Maria, cheia de graça (Lc 1,28a),
o Senhor é convosco (Lc 1,28b).
Bendita sois vós entre as mulheres (Lc 1,42a).
e bendito é o fruto do vosso ventre, Jesus! (Lc 1,42b).
Santa Maria, Mãe de Deus,
rogai por nós, pecadores, agora e na hora de nossa morte. Amém!

ORAÇÃO DO *ANGELUS*

L 1: O anjo do Senhor anunciou a Maria,
L 2: e ela concebeu do Espírito Santo.
Todos: Ave Maria, cheia de graça...
L 1: Eis aqui a serva do Senhor,
L 2: faça-se em mim segundo sua palavra.
Todos: Ave Maria, cheia de graça...
L 1: E o Verbo se fez carne
L 2: e habitou entre nós.
Todos: Ave Maria, cheia de graça...
Oremos: Infundi, Senhor, a vossa graça em nossas almas para que, conhecendo pela anunciação do anjo a encarnação de vosso Filho Jesus Cristo, cheguemos, por sua paixão e cruz, à glória da ressurreição.

Por Nosso Senhor Jesus Cristo, vosso Filho, que é Deus convosco, na unidade do Espírito Santo. Amém.

SALVE-RAINHA

Salve, Rainha, mãe misericordiosa, vida, doçura, esperança nossa, salve. A vós bradamos os degredados filhos de Eva. A vós suspiramos, gemendo e chorando neste vale de lágrimas. Eia, pois, advogada nossa, esses vossos olhos misericordiosos a nós volvei, e depois deste desterro mostrai-nos Jesus, bendito fruto de vosso ventre. Ó clemente, ó piedosa, ó doce sempre Virgem Maria.

V.: Rogais por nós, Santa Mãe de Deus.

R.: Para que sejamos dignos das promessas de Cristo.

ORAÇÃO AO ANJO DA GUARDA

"Santo Anjo do Senhor,
Meu zeloso guardador,
Já que a ti me confiou
A piedade divina,
Sempre me rejas, guardes,
governes e ilumines. Amém".

ORAÇÃO PELAS VOCAÇÕES

Jesus, divino Pastor da Santa Igreja, ouvi nossa prece sacerdotal.

Concedei para muitos meninos e jovens, de coração inocente e generoso, a graça do sacerdócio e a perseverança em sua vocação.

Fazei-nos compreender a grande honra e felicidade de termos um padre em nossa família.

Dai-nos a todos sinceros desejos de auxiliar as vocações sacerdotais e religiosas.

Infundi nos formadores do nosso clero, os dons de piedade e ciência para o reto desempenho de sua missão de tanta responsabilidade.

Por intercessão da Virgem Santíssima, santificai e protegei sempre os nossos padres, para que se dediquem com amor e zelo à glória de Deus e à salvação dos homens. Amém.

Conecte-se conosco:

 facebook.com/editoravozes

 @editoravozes

 @editora_vozes

 youtube.com/editoravozes

 +55 24 2233-9033

www.vozes.com.br

Conheça nossas lojas:
www.livrariavozes.com.br

Belo Horizonte – Brasília – Campinas – Cuiabá – Curitiba
Fortaleza – Juiz de Fora – Petrópolis – Recife – São Paulo

EDITORA VOZES LTDA.
Rua Frei Luís, 100 – Centro – Cep 25689-900 – Petrópolis, RJ
Tel.: (24) 2233-9000 – E-mail: vendas@vozes.com.br

Pe. Thiago Faccini Paro

O Caminho

Subsídio da família para o Advento

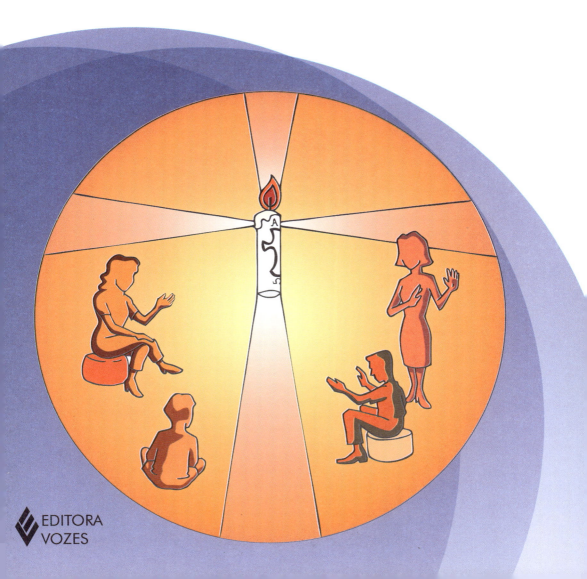

EDITORA VOZES

Pe. Thiago Faccini Paro

O Caminho

Subsídio da família para o Advento

Colaboradores:
Equipe Diocesana para Animação Catequética

© 2014, Editora Vozes Ltda.
Rua Frei Luís, 100
25689-900 Petrópolis, RJ
www.vozes.com.br
Brasil

Todos os direitos reservados. Nenhuma parte desta obra poderá ser reproduzida ou transmitida por qualquer forma e/ou quaisquer meios (eletrônico ou mecânico, incluindo fotocópia e gravação) ou arquivada em qualquer sistema ou banco de dados sem permissão escrita da editora.

CONSELHO EDITORIAL

Diretor
Volney J. Berkenbrock

Editores
Aline dos Santos Carneiro
Edrian Josué Pasini
Marilac Loraine Oleniki
Welder Lancieri Marchini

Conselheiros
Elói Dionísio Piva
Francisco Morás
Teobaldo Heidemann
Thiago Alexandre Hayakawa

Secretário executivo
Leonardo A.R.T. dos Santos

PRODUÇÃO EDITORIAL

Anna Catharina Miranda
Eric Parrot
Jailson Scota
Marcelo Telles
Mirela de Oliveira
Natália França
Priscilla A.F. Alves
Rafael de Oliveira
Samuel Rezende
Verônica M. Guedes

Projeto gráfico e diagramação: Ana Maria Oleniki
Capa: Ana Maria Oleniki

Este livro foi composto e impresso pela Editora Vozes Ltda.

Introdução

"O que nós ouvimos, o que aprendemos, o que nossos pais nos contaram, não ocultaremos a nossos filhos; mas vamos contar à geração seguinte as glórias do Senhor, o seu poder e as obras grandiosas que Ele realizou." (Sl 78,3-4)

Jesus, ao subir para o Pai, deixa a missão aos apóstolos de levar o Evangelho a todos os povos: *"Ide por todo o mundo, pregai o Evangelho a toda criatura"* (Mc 16,15). Se mais de dois mil anos depois tivemos a oportunidade de conhecer e receber o anúncio do Evangelho, fazer a experiência de Jesus Cristo e de nos tornarmos CRISTÃOS, foi graças aos homens e mulheres que assumiram com fervor o mandamento de Jesus.

Hoje, enquanto pais e responsáveis pelas nossas crianças que estão iniciando o processo catequético em nossas paróquias e comunidades temos que ter bem claro que em primeiro lugar, é função de vocês introduzir as crianças na fé cristã através do testemunho, diálogo e vivência comunitária.

Em seguida, aos que são batizados, cabe aos **padrinhos de Batismo** acompanhar e auxiliar os pais nessa árdua missão. E por fim, cabe à Igreja, que é Mãe e Mestra, através das comunidades e catequistas, complementarem a iniciação cristã dada pelos pais e padrinhos, apresentando às crianças as maravilhas do seguimento de Jesus Cristo. Portanto é indispensável essa interação:

Sendo assim, queremos com estes quatro encontros incentivar vocês, FAMÍLIA, na tarefa de evangelizar vossos filhos; e ajudá-los e transmitir a fé a cada um deles. Portanto, vocês são os primeiros catequistas!

Que possamos assumir com responsabilidade, enquanto família cristã, esta linda missão.

A todos nós, uma boa caminhada, no único CAMINHO: Jesus Cristo, única razão do nosso ser.

Pe. Thiago Faccini Paro e Equipe Responsável

PRIMEIRA ATIVIDADE
Escolher o local e horário para as reuniões em família

A vida de oração pressupõe um grande esforço. Para isto precisamos criar o hábito da oração, ou seja, disciplinar nosso corpo e nossa mente para a meditação da Palavra e o diálogo com Deus frequentemente.

Neste sentido, o primeiro passo é escolher um local em nossa casa que se torne referência e favoreça a nossa oração, seja pessoal ou em família. Sendo assim, reúna toda família, converse com todos os que residem na casa e juntos escolham o melhor lugar para se montar um pequeno oratório para que seja feito o momento de oração da família. Se a casa já tiver um espaço deste, ótimo! É só aproveitá-lo.

Paras as reuniões com grande número de pessoas, o oratório – ou seus objetos (imagens, flores, velas, Bíblia...) – pode ser transferido para o ambiente maior, que possa acomodar a todos.

Depois de escolher o local onde será montado o oratório, é preciso pensar no que será colocado. Observar se a família já possui algumas imagens, vela, flores, Bíblia, entre outras. Neste sentido, pode-se colocar, de acordo com cada realidade, uma imagem da Cruz do Senhor (ou do Cristo Bom Pastor, Cristo Misericordioso), uma imagem de Nossa Senhora ou santo da devoção da família, bem como uma Bíblia para leitura dos textos sagrados, velas e flores, de preferência naturais, nos recordando o nosso Deus Criador, que nos da a Vida.

Todos os membros da casa podem se envolver na preparação do oratório. Um coloca a toalha, outro flores do jardim ou vasinhos já existentes na casa, preparando tudo de acordo com cada realidade e momento.

Quando tudo estiver pronto, combine com todos qual será o dia da semana e o horário em que irão se reunir para juntos rezarem. O tempo do momento de oração fica a critério de cada grupo, família.

Algumas orientações

Dias antes da data combinada para a reunião em família, seria importante alguém da casa se responsabilizar em relembrar a todos e preparar com antecedência o encontro. Ler e providenciar, na medida do possível, os materiais sugeridos para o momento de oração, além de distribuir algumas funções:

1. Animador (pessoa que irá conduzir a reunião);
2. Uma pessoa para ler o texto bíblico;
3. Se tiver alguém que tenha o dom de cantar, pedir para preparar algum canto que os ajude a rezar.

Aqui apresentamos apenas quatro encontros que deverão ser feitos durante as quatro semanas que antecedem o Natal (Tempo do Advento). Estes quatro encontros são apenas incentivo para que a família possa criar o hábito de rezar junto, se ainda não o faz.

Os catequistas poderão orientá-los, em reuniões previamente agendadas, para que as reuniões em família não terminem com estes quatro encontros. É importante que a família se reúna pelo menos uma vez na semana para, juntos, rezarem e partilharem a Palavra de Deus, mesmo sem ter em mãos um roteiro ou subsídio. Podendo usar nesse caso, os textos indicados no *Diário Catequético e Espiritual do Catequizando*, como referência.

DIA DA FAMÍLIA

Sugerimos que a família escolha um dia na semana não só para rezarem juntos, mas para estarem juntos! Que os pais se comprometam em chegar cedo do trabalho, que os filhos se organizem com os deveres da escola, para que na hora marcada, todos reunidos, possam rezar, comer, assistir filmes, brincar; enfim, possam ter pelo menos uma noite dedicada a estarem juntos. Pois do que adianta trabalhar e dar "tudo do bom e do melhor" aos filhos, se o que mais precisam é a presença, o carinho e a atenção? Por isso, sugerimos que adotem como costume familiar o DIA DA FAMÍLIA. Fica a dica!

Rezar em Família
(Encontro a ser realizado na 1ª SEMANA DO ADVENTO)

Palavra inicial: Prezados pais e responsáveis pelos catequizandos. Neste primeiro encontro queremos ajudá-los, se ainda não o fazem, a criar o costume de rezar em família ou ainda ajudá-los no aprofundamento desta experiência.

Material a ser providenciado: Providenciar água-benta e ramos de alguma planta para aspergir a água.

INICIANDO NOSSO ENCONTRO

(Ao redor do oratório preparado previamente, um dos membros da família conduz o pequeno momento de oração)

Animador: Querida família, é com alegria que montamos o oratório em que rezaremos em família. Sinal da nossa adesão e vivência em Cristo, que nos convida constantemente à oração. Neste sentido iniciemos este breve momento de oração traçando sobre nós o sinal da cruz.

Todos: Em nome do Pai, e do Filho e do Espírito Santo. Amém.

Animador: Que a graça e a Paz de Deus nosso Pai, que hoje nos reuniu em nome do seu filho, Jesus Cristo, esteja sempre convosco!

Todos: Bendito seja Deus que nos reuniu no amor de Cristo!

Pedindo a bênção sobre o oratório

Animador: Vamos aspergir agora o nosso oratório com a água-benta, pedindo que Deus abençoe e dignifique este espaço, para que possamos ao seu redor meditar e ouvir sua Palavra, bem como render orações de graças e súplicas ao seu Nome Santo.

Animador: *Deus, Pai amado, que nos convoca à oração, pedimos que este oratório seja sinal da sua presença salvadora e elo de comunhão de todos os residentes desta casa.*

(Alguém da família com ramos de plantas asperge o oratório, bem como todos os presentes)

Leitura do texto bíblico

Animador: Agora atentos, vamos ouvir um pequeno trecho do Evangelho de São Lucas.

Leitor: Lucas 19,1-10.

(Um dos presentes tomando a Bíblia nas mãos e abrindo-a proclama o texto bíblico. Após alguns minutos de silêncio, lê o texto novamente, desta vez pausadamente. Depois de alguns minutos de meditação, os que quiserem podem repetir algum versículo que tenha chamado atenção)

O que a Palavra nos diz

Animador: O bonito deste texto é perceber que Jesus conhece nosso coração e nossa história. Sabe de nossas limitações e também do esforço em busca de uma vida digna e feliz. Zaqueu tinha uma boa vida, com muitos bens materiais, mas não era totalmente feliz. Faltava-lhe algo. Jesus ao olhar nos olhos de Zaqueu, viu o desejo de mudança. Jesus então diz: "*Zaqueu, desce depressa! Hoje eu devo ficar na tua casa*". Deus sempre é quem toma a iniciativa, quem dá o primeiro passo, que nos convida a estar com Ele. Jesus toma a iniciativa de estar com Zaqueu, que responde prontamente e acolhe o Mestre: "Ele desceu depressa e o recebeu com alegria".

Jesus também conhece cada um de nós hoje aqui presente. Sabe de nossos problemas, conhece nossas alegrias e quer estar conosco. O pequeno oratório que hoje montamos é sinal da acolhida deste Deus, que quer estar no nosso meio. Que quer fazer parte de nossa vida. Hoje mais que os outros dias que passaram, acolhemos Jesus em nossa casa, em nossa família com alegria. Estar reunido, ouvir sua Palavra e deixar Deus habitar em nós, é deixar Ele nos conduzir e transformar nossa vida. Bendito Seja Deus, que hoje nos chamou para segui-lo!

Depois de alguns minutos de meditação, vamos conversar sobre a mensagem que cada um tirou do texto bíblico e que considera importante para a vida pessoal, familiar e de cristão.

Preces e louvores

Animador: Elevemos a Deus, nossas preces e nossos louvores, agradecendo por tudo de bom que Ele nos dá. No final de cada prece vamos dizer: *Obrigado Senhor!*

1. Deus Pai de amor, pedimos por toda nossa família, que hoje se reúne para rezar. Abençoai a cada um de nós. **R.**

2. Deus Pai de amor, te louvamos e agradecemos por esta oportunidade de nos reunirmos em teu nome. **R.**
3. Deus Pai de amor, que conhece a cada um de nós, vinde em auxílio de nossas necessidades. **R.**
(Preces espontâneas...)

Oração do Pai-nosso

Animador: Rezemos de mãos dadas a oração que Jesus nos ensinou: *"Pai nosso que estais nos céus..."*

Oração final

Animador:

> *Deus Pai de amor, te louvamos por nossa família, por nossos problemas e por nossas alegrias e pela oportunidade que nos destes de hoje nos reunirmos em teu nome. Só Tu, Senhor, é nossa esperança e salvação. Vinde, Senhor, em nosso auxílio. Amém.*

Animador: Louvado seja nosso Senhor Jesus Cristo!

Todos: Para sempre seja louvado!

Animador: Vamos encerrar este momento nos abençoando traçando o sinal da cruz na fronte dizendo: *"Deus te abençoe!"*

2 - Tempo de preparação e de espera
(Encontro a ser realizado na 2ª SEMANA DO ADVENTO)

Palavra inicial: Queridos irmãos e irmãs, na oração de hoje vamos começar a refletir sobre o "Tempo do Advento": qual seu significado e importância para nós cristãos. Mas o que é o "Advento"? A Igreja possui um calendário próprio, diferente do calendário civil, chamado de "Calendário Litúrgico". O calendário da Igreja é dividido por períodos, e cada parte quer nos fazer conhecer e aprofundar a fé no mistério do nascimento, vida, paixão, morte e ressurreição de Jesus. Hoje, portanto, vamos conhecer o primeiro período, chamado de "Tempo do Advento".

Material a ser providenciado: Vaso redondo com areia, ramos verde de pinheiro ou outra planta e quatro velas.

INICIANDO NOSSO ENCONTRO

Animador: É com alegria, que mais um dia nos reunimos para juntos rezar em família. Que bom! Iniciemos traçando sobre nós o sinal da cruz.

Todos: Em nome do Pai, e do Filho e do Espírito Santo. Amém.

Animador: Que a graça e a Paz de Deus nosso Pai, que hoje nos reuniu em nome do seu Filho, Jesus Cristo, esteja sempre convosco!

Todos: Bendito seja Deus que nos reuniu no amor de Cristo!

Animador: Vamos invocar o Espírito Santo de Deus, para vir em nosso auxílio, para que possamos ouvir atentamente a Palavra de Deus, meditar e guardá-la em nosso coração. Rezemos juntos:

Todos: *"Vinde Espírito Santo, enchei os corações dos vossos fiéis. E acendei neles o fogo do vosso amor. Enviai o vosso Espírito e tudo será criado, e renovareis a face da terra.*

Oremos: Deus, que instruístes os corações dos vossos fiéis com a Luz do Espírito Santo, fazei que apreciemos retamente todas as coisas, segundo o mesmo Espírito, e gozemos sempre da Sua consolação. Por Cristo Senhor Nosso." Amém!

Leitura do texto bíblico

Animador: Agora atentos vamos ouvir um pequeno trecho do Evangelho de São Lucas.

Leitor: Mateus 3,1-6.11-12.

(Um dos presentes tomando a Bíblia nas mãos e abrindo-a proclama o texto bíblico. Após alguns minutos de silêncio, lê o texto novamente, desta vez pausadamente. Depois de alguns minutos de meditação, os que quiserem podem repetir algum versículo que tenha chamado atenção).

O que a Palavra nos diz

Animador: No Evangelho vemos a figura de João Batista, filho de Isabel, que era prima de Maria a mãe de Jesus. João foi o responsável de preparar o caminho para a vinda de Jesus. Foi ele quem anunciou que o Messias estava próximo e convidou todo o povo à conversão, ou seja, à mudança de vida, ao amor e ao perdão. Assim como João preparou as pessoas para a chegada de Jesus, o TEMPO do ADVENTO cumpre este papel, nos preparando e convidando para acolher Jesus em nossos corações, em nossas famílias, em nossas comunidades. É um tempo de espera e vigilância!

Vigiar significa estar atento. O Advento é momento de vigilante espera do Senhor, de preparar seu caminho, de ir ao seu encontro. Tempo de ESPERANÇA, pois Cristo, é o único que pode dissipar todas as trevas, e transformar nossa vida.

Um dos símbolos do Advento, utilizado pela liturgia, é a COROA DO ADVENTO, formada por um círculo de ramos verde e com quatro velas, que são acesas a cada domingo do Tempo do Advento. Ao acender cada vela, significa que a salvação está próxima, que Deus que conhece nossa vida, nossos medos e dificuldade, se aproxima para nos libertar. Cristo, a LUZ que se aproxima, e aos poucos, dissipa toda a escuridão, e ilumina nossas vidas. À medida que as velas são acesas, acendemos também em nós a alegria e a esperança, nos preparando para acolher Cristo que vem no Natal.

(Depois de alguns minutos de meditação, vamos conversar sobre a mensagem que cada um tirou do texto bíblico e que considera importante para a vida pessoal, familiar e de cristão.)

Podemos confeccionar uma Coroa do Advento para nossa família?

Animador: Assim como a cada domingo nas celebrações da Santa Missa, as nossas comunidades acendem uma vela da Coroa do Advento se preparando para acolher Jesus, assim também nossa família poderá confeccionar uma Coroa do Advento, e a cada semana, durante nossas orações, acender uma vela, preparando nossa casa para acolher Jesus em nossa família.

(Pode-se neste momento confeccionar uma Coroa do Advento para deixar no oratório. Para isso, utilizando-se o material que foi providenciado, os participantes, espontaneamente, colocam a areia no recipiente, encaixam as quatro velas e decoram com os ramos verdes formando um círculo, deixando o meio aberto. Quando estiver pronto, podem ser acesas a primeira e a segunda velas da coroa, que serão apagadas no final do encontro e acesas nos próximos encontros.)

Preces e louvores

Animador: Neste tempo solene de preparação para o Natal, elevemos a Deus, nossas preces para que Ele transforme nosso coração para acolher a Jesus. No final de cada prece vamos dizer: Vinde, Senhor Jesus!

1. Deus Pai Criador, transforma o coração de nossa família, para que possamos estar alegres, atentos e vigilantes na espera do Teu Filho. **R.**

2. Deus Pai de Bondade, acendei em nós a vela da esperança, para que possamos ir com coragem ao teu encontro e ao encontro do teu Filho. **R.**

3. Deus Pai misericordioso, ajudai-nos a exemplo de João Batista, a prepararmos os caminhos do seu Filho, anunciando com alegria as suas maravilhas. **R.**

(Preces espontâneas...)

Oração do Pai-nosso

Animador: Nossas preces prossigamos, rezando a oração que Jesus nos ensinou: *"Pai nosso que estais nos céus..."*

Oração final

Animador:

> Deus criador, que enviastes João Batista para preparar os caminhos do vosso Filho. Ajudai nossa família, neste Tempo do Advento, a bem se preparar para acolher Jesus em nosso meio, e assim, podermos com alegria, testemunhar as suas maravilhas em nossas vidas. Amém.

Animador: Louvado seja nosso Senhor Jesus Cristo!

Todos: Para sempre seja louvado!

Animador: Vamos concluir este momento nos abençoando traçando o sinal da cruz na fronte uns nos outros, dizendo: *"Deus te abençoe!"*

Ele está para chegar
(Encontro a ser realizado na 3ª SEMANA DO ADVENTO)

Palavra inicial: No momento celebrativo de hoje, vamos continuar meditando sobre a vinda de Cristo, que vem no Natal.

Material a ser providenciado: Se os ramos da Coroa do Advento estiverem murchados, substituí-los por ramos verdes.

INICIANDO NOSSO ENCONTRO

Animador: Estamos na terceira semana do Advento, e rezando em família nos preparamos para acolher Jesus em nossa casa e em nossos corações. Traçando sobre nós o sinal da cruz iniciemos nosso encontro:

Todos: Em nome do Pai, e do Filho e do Espírito Santo. Amém.

Animador: Que a graça e a paz de Deus nosso Pai, que hoje nos reuniu em nome do seu Filho, Jesus Cristo, estejam sempre convosco!

Todos: Bendito seja Deus que nos reuniu no amor de Cristo!

Animador: Invoquemos o Espírito Santo pedindo que Ele nos ilumine e nos dê entendimento para ouvir e acolher a Palavra de Deus. Rezemos juntos:

Todos: *"Vinde Espírito Santo, enchei os corações dos vossos fiéis. E acendei neles o fogo do vosso amor. Enviai o vosso Espírito e tudo será criado, e renovareis a face da terra.*

Oremos: Deus, que instruístes os corações dos vossos fiéis com a luz do Espírito Santo, fazei que apreciemos retamente todas as coisas, segundo o mesmo Espírito, e gozemos sempre da sua consolação. Por Cristo Senhor Nosso." Amém!

(Acendendo a terceira vela da Coroa do Advento)

Animador: A festa do Natal está cada vez mais próxima. Cristo, a Grande Luz, se aproxima. Marcando esta feliz espera vamos acender a terceira vela da nossa Coroa do Advento.

Um membro da família acende a terceira vela da coroa dizendo:

"Bendito sejas, Deus bondoso, pela luz do Cristo, sol de nossas vidas, a quem esperamos com toda ternura do coração."

Leitura do texto bíblico

Animador: Atentos vamos escutar a passagem do Evangelho segundo São Lucas:

Leitor: Lucas 1,26-38.

(Um dos presentes tomando a Bíblia nas mãos e abrindo-a proclama o texto bíblico. Após alguns minutos de silêncio, lê o texto novamente, desta vez pausadamente. Depois de alguns minutos de meditação, os que quiserem podem repetir algum versículo que tenha chamado atenção).

O que a Palavra nos diz

Animador: Maria, mulher escolhida para gerar o Filho de Deus, Jesus Cristo. Modelo de mãe e exemplo de mulher, Maria foi aquela que disse SIM, que se dispôs ao cumprimento do projeto de Deus. Maria, mesmo com dúvidas e talvez até com medo, é aquela que acredita, confia e se abre a um novo tempo, que se lança nas mãos do Criador. Também nós, podemos não saber o nosso futuro, mas a exemplo de Maria, devemos estar sempre prontos a responder ao chamado de Deus, e a Ele entregar todo nossa vida, confiantes de que faz tudo acontecer na hora e no momento certo.

A exemplo de Maria, somos convidados a gerar Jesus em nós, a acolhê-lo em nossa casa e em nosso coração. Para isso, precisamos arrumar nossa casa, como quem acolhe e espera uma visita muito importante. Para isso, arrumar a casa da nossa vida, significa dar o perdão, estar atento ao outro, confessar-se...

Que possamos de fato, neste tempo de espera, nos preparar com alegria, acolhendo este Deus que vem libertar o seu povo.

(Depois de alguns minutos de meditação vamos conversar sobre a mensagem que cada um tirou do texto bíblico e que considera importante para a vida pessoal, familiar e de cristão).

Preces e louvores

Animador: Elevemos a Deus, que tudo faz para o bem do homem, os nossos pedidos e as nossas preces, para que Ele se digne vir em nosso auxílio.

Todos: Fazei morada em nós, Senhor!

1. Que a exemplo de Maria, possamos dar o nosso SIM a cada dia, no cumprimento que Deus tem para nós. **R.**
2. Que a exemplo de Maria possamos gerar Jesus no seio de nossa família, e acolhê-lo com alegria. **R.**
3. Que a exemplo de Maria, saibamos confiar a Deus todos os nossos medos, angústias e sofrimentos. **R.**

(Preces espontâneas...)

Oração do Pai-nosso

Animador: Iluminados pela sabedoria do Evangelho, rezemos a oração que Jesus nos deixou:

Todos: *"Pai nosso que estais nos céus..."*

Animador: Peçamos a intercessão da Mãe de Deus: *Ave Maria, cheia de graça...*

Oração final

Animador:

> *Deus pai de amor, que escolhestes homens e mulheres para se fazer cumprir o seu projeto de salvação, olhai para nossa família que hoje reunida, espera confiante o cumprimento de vossa promessa. Amém.*

Animador: Louvado seja nosso Senhor Jesus Cristo!

Todos: Para sempre seja louvado!

Animador: Vamos encerrar nosso momento de oração nos abençoando traçando o sinal da cruz na fronte uns nos outros, dizendo: *"Deus te abençoe!"*

Glória a Deus nas alturas
(Encontro a ser realizado na 4ª SEMANA DO ADVENTO)

Palavra inicial: Aproximamo-nos da grande festa do Natal. Jesus, o Filho de Deus, está no meio de nós! Na festa que se aproxima, celebramos o nascimento de Jesus. Cristo que nasce HOJE em nossas vidas, em nossas famílias. Portanto, a liturgia deste tempo não celebra o aniversário de Jesus, e por isso não se canta "*parabéns a Jesus*".

Material a ser providenciado: Se os ramos da Coroa do Advento estiverem murchados, substituí-los por ramos verdes.

INICIANDO NOSSO ENCONTRO

Animador: A grande festa do nascimento de Jesus se aproxima. A feliz certeza de que Jesus é o nosso libertador, nos enche de alegria. Rezemos, louvando ao Senhor por se dignar enviar seu Filho ao mundo para nos salvar. Sobre nós, tracemos o sinal da cruz iniciando o nosso encontro:

Todos: Em nome do Pai, e do Filho e do Espírito Santo. Amém.

Animador: Que a graça e a Paz de Deus nosso Pai, que hoje nos reuniu em nome do seu Filho, Jesus Cristo, estejam sempre convosco!

Todos: Bendito seja Deus que nos reuniu no amor de Cristo!

Animador: Rezemos pedindo o Espírito Santo, para que nos ilumine nos caminhos que devemos trilhar ao irmos ao encontro do salvador Jesus Cristo. Rezemos juntos:

Todos: *"Vinde Espírito Santo, enchei os corações dos vossos fiéis. E acendei neles o fogo do Vosso amor. Enviai o Vosso Espírito e tudo será criado, e renovareis a face da terra.*

Oremos: Deus, que instruístes os corações dos vossos fiéis com a Luz do Espírito Santo, fazei que apreciemos retamente todas as coisas, segundo o mesmo Espírito, e gozemos sempre da sua consolação. Por Cristo Senhor Nosso." Amém!

(Acender a quarta vela da Coroa do Advento)

Animador: Acendamos a quarta vela da Coroa do Advento, na alegria de que Jesus, a Luz que ilumina nossa vida e a vida de nossa família, se aproxima.

Um membro da família acende a quarta vela da coroa dizendo:

"Bendito sejas, Deus bondoso, pela luz do Cristo, sol de nossas vidas, a quem esperamos com toda ternura do coração."

Leitura do texto bíblico

Animador: Ouçamos as palavras do santo Evangelho segundo Lucas:

Leitor: Lucas 2,1-20.

(Um dos presentes tomando a Bíblia nas mãos e abrindo-a proclama o texto bíblico. Após alguns minutos de silêncio, lê o texto novamente, desta vez pausadamente. Depois de alguns minutos de meditação, os que quiserem podem repetir algum versículo que tenha chamado atenção)

O que a Palavra nos diz

Animador: Com o SIM de Maria e de José, o projeto do Pai se cumpre. Jesus se faz presente em nosso meio. Porém, esta caminhada não foi fácil. Muitos fecharam as portas e não acolheram esta família. Jesus nasce pobre e se faz pobre para mostrar qual o reino que Ele viria anunciar. Na simplicidade, José, Maria e Jesus formam o modelo e exemplo de família. E os pastores, excluídos e abandonados pela sociedade, são os primeiros a receber o anúncio do nascimento de Jesus. E nós, o que faríamos se José e Maria batessem em nossa porta pedindo auxílio? Se fosse nós que recebêssemos o anúncio feito pelos anjos? Qual seria nossa reação?

Quantas vezes nos esquecemos que Jesus nasceu por amor a nós? Quantas vezes por egoísmo fechamos as portas a Deus, deixando de ajudar os mais pobres? Colocando o serviço e tantas outras coisas em primeiro lugar, e deixando Cristo e a Igreja? Quantas vezes nos esquecemos de louvar e agradecer a Deus pelo pouco ou muito que temos?

A cada dia Deus nos dá uma nova chance de sermos melhores, de acolhermos Jesus em nossa vida. Que este ano, coloquemos Deus em primeiro lugar em nossa família, nos comprometendo em participar todos juntos das celebrações natalinas, bem como rezar e acolher os mais pobres.

(Depois de alguns minutos de meditação vamos conversar sobre a mensagem que cada um tirou do texto bíblico e que considera importante para a vida pessoal, familiar e de cristão.)

Preces e louvores

Animador: Confiantes, supliquemos ao Senhor que tenha misericórdia de cada um de nós, e nos ajude a acolher Jesus em nossa família.

Todos: Eis-nos aqui, Senhor!

1. Que saibamos acolher com alegria a Sagrada Família em nosso meio. **R.**
2. Que possamos estar atentos para acolher Jesus presente nos pobres e necessitados. **R.**
3. Que saibamos louvar e agradecer tudo o que de graça recebemos da infinita bondade de Deus. **R.**

(Preces espontâneas...)

Oração do Pai-nosso

Animador: Rezemos com amor e confiança a oração que Jesus nos ensinou: *"Pai nosso que estais nos céus..."*

Animador: Peçamos a intercessão da Mãe de Deus: *"Ave Maria, cheia de graça..."*

Oração final

Animador:

> *Deus pai bondoso, que nossa casa saiba acolher e ter como modelo e exemplo a Sagrada Família de Nazaré, onde na simplicidade possamos acolher e fazer a Tua vontade. Amém.*

Animador: Louvado seja nosso Senhor Jesus Cristo!

Todos: Para sempre seja louvado!

Animador: Vamos encerrar este momento de oração com todos se abençoando traçando o sinal da cruz na fronte dizendo: *"Deus te abençoe!"*

Na noite e no dia do NATAL

Palavra inicial: Queridos pais e responsáveis pelos catequizandos, na noite que antecede o Natal a Igreja celebra a "Vigília do Natal", e no dia 25 a missa do dia. São duas celebrações importantes para nós cristãos, com liturgias próprias, ou seja, a missa da noite do dia 24 não é a mesma liturgia da missa do dia 25. Sendo assim, seria muito importante que a família se organizasse para participarem juntos destas duas celebrações. Além do mais, se a família tem o costume de se reunir para a ceia e para o almoço de Natal, sugerimos que aproveitem este momento para rezar, agradecer e louvar a Deus pelos alimentos colocados à mesa. Segue abaixo sugestão de oração.

Para a noite do dia 24 de dezembro

Minutos antes da meia noite, todos se reúnem de mãos dadas num espaço que possa acomodar a todos. Alguém da família inicia com o sinal da cruz o momento de oração, e convida todos a rezarem, louvando e agradecendo a Deus pelo dom da Família, por estarem reunidos mais um ano. Se for oportuno, pode-se incentivar os que quiserem a expressar sua gratidão por aquele momento. Logo após convida a todos a rezarem a oração do Pai-nosso e conclui com a oração que poderá ser preparada previamente em pequenas tarjas de papel ou em um cartaz visível a todos.

Deus pai de amor, que nesta noite nos reuniste enquanto família, irmãos e irmãs, amigos e amigas. Dignai-vos abençoar a nós e estes alimentos que hoje colocastes em nossa mesa e de modo especial, abençoai todas as famílias que não o tem. Que nesta noite possamos acolher o seu Filho Jesus em nossos corações, em nossas vidas. Amém.

(Todos se cumprimentam e desejam Feliz Natal)

Para o almoço do dia 25 de dezembro

Ao redor da mesa todos rezam juntos a oração do Pai-nosso e depois conclui-se com a oração abaixo:

Celebrando hoje, Pai de bondade, o nascimento do seu Filho Jesus Cristo. Queremos louvá-lo e agradecê-lo por nossa família, pelos amigos e amigas. Que estes alimentos hoje colocados em nossa mesa, seja sustento para o nosso corpo enquanto caminhamos neste mundo, até o dia que estaremos face a face contigo. Louvado Seja Nosso Senhor Jesus Cristo: Para sempre seja louvado!

ORAÇÃO À SAGRADA FAMÍLIA[1]

(Papa Francisco)

Jesus, Maria e José,
em Vós, contemplamos
o esplendor do verdadeiro amor, a Vós, com confiança, nos dirigimos.

Sagrada Família de Nazaré,
tornai também as nossas famílias
lugares de comunhão e cenáculos de oração,
escolas autênticas do Evangelho
e pequenas Igrejas domésticas.

Sagrada Família de Nazaré,
que nunca mais se faça, nas famílias, experiência
de violência, egoísmo e divisão:
quem ficou ferido ou escandalizado
depressa conheça consolação e cura.

Sagrada Família de Nazaré, [...]
Jesus, Maria e José, escutai,
atendei a nossa súplica.

---

[1] Oração à Sagrada Família composta e recitada pelo Papa Francisco após o Angelus – Domingo, 29 de dezembro de 2013 – Rádio Vaticano. Disponível em: http://pt.radiovaticana.va/news/2013/12/29/oração_a_sagrada_fam%C3%ADlia,_recitada_pelo_papa_francisco_no_domingo_da/por-759690. Acesso: 04/jul/2014.

Para contribuir com a experiência de oração em família, oferecemos o *Subsídio da família para o Advento* contendo um pequeno roteiro para quatro encontros a serem realizados no decorrer das quatro semanas do Tempo do Advento.

Com este *Subsídio* pretende-se incentivar a família a criar uma rotina para se reunir e rezarem juntos, como também ajudar na tarefa de evangelizar e transmitir a fé a seus filhos.

www.vozes.com.br
vendas@vozes.com.br